ALEX COLT

JUAN GÓMEZ-JURADO

ALEX COLT

CADETE ESPACIAL

ILUSTRACIONES DE FRAN FERRIZ

DESTINO

DESTINO INFANTIL Y JUVENIL, 2017
infoinfantilyjuvenil@planeta.es
www.planetadelibrosinfantilyjuvenil.com
www.planetadelibros.com
Editado por Editorial Planeta, S. A.

Avda. Diagonal, 662-664, 08034 Barcelona
Primera edición: abril de 2017
ISBN: 978-84-08-15402-0
Depósito legal: B. 5. 743-2017
Impreso en España – *Printed in Spain*

El papel utilizado para la impresión de este libro es cien por cien libre de cloro y está calificado como papel ecológico.

Para Andrea y Javi

AVISO MUY IMPORTANTE

No leas este libro si...

- tienes dudas sobre el mundo que nos rodea
- sospechas que tu origen podría no ser exactamente el que tus padres te cuentan
- tus compañeros de clase te miran raro, o creen que eres diferente
- tú mismo crees que eres diferente (este punto es especialmente importante)
- nunca has encajado en ningún sitio o si te aburres con facilidad
- tu abuela te ha dicho que eres muy especial (las abuelas saben de estas cosas)
- te parece que las cosas que suceden en los libros son más reales que lo que pasa fuera

Si has respondido SÍ a uno o más de los puntos anteriores, deja este libro en la estantería y ve corriendo a encender tu videoconsola. Aléjate lo más posible de esta serie. Podrías descubrir la AUTÉNTICA verdad sobre el universo, o aún peor...

PODRÍAS SER UNO DE ELLOS.

Has decidido continuar.
De acuerdo, es cosa tuya.
A partir de aquí, ya no puedo ayudarte.
Bienvenido a la verdad sobre el universo.

PRIMERA PARTE

UN VIAJE INESPERADO

ALEX

El muchacho cayó desde lo alto del tobogán, pero nunca llegó a tocar el suelo. Y eso sorprendió bastante a los que lo empujaron. Buscaron al pie de la escalerilla, incluso removieron la arena polvorienta para ver si se había escondido allí debajo. Pero no encontraron nada.

—Nadie puede desvanecerse en el aire —dijeron.

Pero él lo había hecho.

Era pequeño para su edad, espigado como una cerilla y ágil como un mono nervioso. Lo segundo compensaba lo primero buena parte de las veces, ya que allá adonde iba solía ser el blanco de matones y chicos mayores que él. En sus doce años de vida tenía escasos recuerdos que no estuviesen dedicados a pelear, correr o esconderse, dependiendo del número de los que lo persiguieran.

Se llamaba Alex Colt.

No sabía quién le había puesto ese nombre, pero sin duda había acertado. Le había preguntado a la señorita Danvers, la responsable de su expediente en Servicios Sociales, pero ella le había respondido con una de sus series de *ejems* y *ajás* salpicados de vaguedades. Era una mujer cuadrada, por dentro y por fuera. Cuando hablaba parecía hacerlo desde el interior de uno de los cajones de su abarrotado escritorio. Al principio Alex le contaba sus quejas y los problemas con su interminable retahíla de casas de acogida, pero sus palabras no parecían llegar nunca al interior del cerebro de la señorita Danvers. Emitía una serie de sonidos incoherentes durante un rato. Luego le daba a Alex un papel con un nuevo destino, y eso era todo.

Así había sido desde el principio. Ella era el primer recuerdo de Alex, una mano regordeta empujándolo hacia una pareja en el jardín delantero de una casa destartalada, y un mar de caras hostiles detrás. Debía de tener tres

años, y todos aquellos niños mayores le parecían monstruos enormes dispuestos a devorarle.

No se equivocaba demasiado.

Alex aprendería pronto cuál era el sistema de las casas de acogida. Había un matrimonio, casi siempre sin hijos propios. Había un montón de huérfanos; por cada uno de ellos el Estado pagaba al matrimonio un dinero para que los alimentasen y vistiesen. Cuantos más niños, más dinero les daban. Cuanto más barata y escasa fuese la comida, más dinero se quedaban.

Así que el día a día de Alex era una pelea constante por conseguir alimento y sitio. No solía ganar a menudo, así que siempre tenía hambre y siempre le tocaba dormir sobre una alfombra o dentro de un armario.

—Algún día seré lo bastante grande y lo bastante fuerte como para no tener miedo a nadie —se consolaba, abrazado a su manta, mientras intentaba conciliar el sueño. Otros niños se burlaban de él, diciendo que era demasiado mayor para estar tan apegado a ella, pero a Alex no le importaba.

Aquel pedazo de lana de color azul (con una palabra semiborrada e irreconocible de cuatro letras, de las cuales

solo se distinguían la segunda y la cuarta, una A y una F) era todo lo que le quedaba de su vida anterior, así que la cuidaba con esmero. Era su única posesión, y sobre ella volcaba sus deseos y sus fantasías.

Todos los niños huérfanos, sobre todo aquellos que desconocen quiénes son sus padres, imaginan sus rostros y sus historias. Alex Colt no era una excepción.

«Tal vez eran agentes secretos, o espías. Iban a descubrirlos y no tuvieron tiempo de llevarme con ellos.

»Quizá eran ladrones de joyas, terminaron en la cárcel y aún no han podido venir a buscarme.

»Tal vez eran científicos, piratas, magos...»

Pero siempre siempre les había sucedido algo terriblemente inesperado que los había obligado a dejar atrás a su hijo y la manta azul.

«Y algún día, cuando todo se arregle, volverán a por mí.»

La pobreza, la enfermedad y la muerte, razones mucho más comunes y mucho más difíciles de aceptar, no tienen cabida en esos sueños. Porque todos los niños huérfanos creen, en el fondo de sus corazones, que son especiales. Cuando crecen, o bien descubren la verdad, o bien aprenden a ocultar sus sueños a los demás, para que estos no se burlen de ellos.

Alex Colt no era una excepción, cierto. Pero a diferencia de otros, Alex sí que era especial.

Y, ni en el más loco de sus sueños, Alex hubiese podido imaginar cuánto.

LA HUIDA

El día en que iba a comenzar a descubrirlo fue aquel en el que los matones lo tiraron del tobogán.

Lo que sucedió después fue increíble.

Los niños mayores llevaban acosándolo toda la tarde. Alex había logrado escamotear una manzana en la cena, lo cual era un motivo más que suficiente para que lo persiguieran. No es que necesitasen uno, pero esto los motivaba especialmente. Nunca había suficientes manzanas para todos, y que el renacuajo hubiese sido lo bastante rápido para agarrar una los ponía furiosos.

Alex corrió con ella al callejón de atrás para poder

comérsela en paz, encajado entre la pared y los apestosos cubos de basura cubiertos de abollones.

Un perro callejero pasó corriendo junto a él. En la boca llevaba los restos de un muslo de pollo, que debía de haber encontrado entre los desperdicios.

Durante un breve instante, Alex lo envidió.

Se apretujó aún más entre los cubos. No era el mejor sitio para comer, pero esperaba que no fueran a buscarle allí.

Se equivocaba. Apenas había logrado darle un par de bocados a la fruta cuando un par de sucias botas negras de cordones raídos aparecieron frente a él.

—¿Adónde crees que vas con nuestra manzana, enano?

—¡Dejadme en paz! —gritó Alex con los dientes aún hundidos en la manzana, así que sonó algo así como *ejammemfuf*.

Los otros se rieron, y empujaron un cubo contra él. Alex se quedó aprisionado entre el metal pegajoso y grasiento y la pared. Enfadado por aquella injusticia, Alex golpeó el cubo, que se volcó encima de los abusones, cubriéndolos de cáscaras de plátano, huesos de pollo y restos asquerosos.

—¡Aargh! ¡Qué asco! —gritaron los abusones, entre arcadas.

«Ahora sí que la he hecho buena», pensó Alex.

Sabía muy bien que cuando haces frente a los abusones, los abusones no se acobardan. Eso es una mentira que los adultos cuentan para sentirse mejor por no poder estar en el recreo para defender a sus hijos. En el mundo real, cuando haces frente a los abusones, te pegan mucho más fuerte.

—Vamos a matarte, enano —dijo el más grande, apartando el cubo y haciendo crujir los nudillos.

Alex, más asustado que nunca, consiguió escurrirse por el lado contrario antes de que le cerrasen el paso, y huyó en dirección al parque.

Un mal sitio hacia el que correr. Allí no había dónde esconderse.

Pero si conseguía atravesarlo, al otro lado empezaba Sunnyvale, el barrio de la gente con dinero. Casas con jardín, lujosos todoterrenos, césped bien cortado. Por allí los mayores nunca se atrevían a seguirlo, porque los residentes tenían por costumbre llamar a la policía a las primeras de cambio.

Los abusones eran más lentos y pesados. Solo tenía que ser más rápido que ellos y estaría a salvo. Zigzagueó entre los columpios, saltó por encima del cajón de arena —mal sitio para meter el pie, los niños pequeños siempre estaban haciéndose pis dentro— y enfiló hacia los arbustos que marcaban el final del parque.

—¡Ven aquí!

—¡Deja de correr!

Las voces sonaban más lejanas y Alex se atrevió a darse la vuelta. ¡Estaba ganándoles la carrera! Si cruzaba los arbustos, habría escapado de ellos, al menos por unas horas.

Entonces se dio la vuelta y se golpeó contra un enorme muro. Cayó al suelo de culo, aturdido, frotándose la nariz.

—¿Qué tenemos aquí? El enano escurridizo. ¿Qué has hecho ahora?

Alex alzó la cabeza y se encontró con la fea cara de Bolton, el peor de los matones. Ancho como un armario, capaz de comerse las nueces sin pelar, también era el más cruel. Su pasatiempo favorito era agarrar a Alex y meterle la cabeza en el retrete mientras lo sujetaba por los tobillos.

—¡Cógelo, Bolton! —gritaron los matones, llegando desde atrás.

Una enorme manaza se dirigió hacia el cuello de Alex, y este se escurrió justo a tiempo entre las piernas de Bolton.

—¡Estate quieto!

Alex logró ponerse de pie, pero el otro le había cortado el paso hacia los arbustos. No había manera de escapar de allí, y el resto de los matones llegaban trotando, sudorosos. Al niño no le quedó otro remedio que correr hacia el enorme y enrevesado tobogán que había en el centro del parque y comenzar a subir por la escalerilla. Bolton intentó engancharle por el pantalón, pero Alex lanzó una patada hacia atrás y siguió subiendo.

—Te tenemos atrapado, excremento. ¡Pienso aplastarte! —gritó Bolton, agarrándose la cara en el lugar en el que había impactado el pie de Alex.

—Vamos a por él —dijo otro de los matones.

En lo alto del tobogán, Alex gritó, intentando disimular su miedo.

—¡Eso, subid! Pienso pisarle la cabeza al primero que ponga un pie en la escalerilla.

Bolton soltó un gruñido de furia, y luego hizo una seña a los demás.

—Id por ahí —dijo, apuntando a la rampa—. Tú, sube por aquí. Que no se escape.

Atrapado en lo alto del tobogán, Alex vio cómo se iban acercando poco a poco desde la rampa y desde la escalerilla. Con un pie en alto, tiró varias patadas al aire, pero no logró hacer retroceder a los matones, que siguieron subiendo.

—Ya eres nuestro, enano.

—Te vamos a destrozar.

Alex lanzó una nueva patada, desesperado, pero falló. En ese momento el otro matón estiró el brazo, intentando cogerlo por el pantalón. No logró agarrarlo del todo, pero bastó para desequilibrarlo. El niño se tambaleó al borde del abismo, braceando para no caerse, antes de desplomarse desde lo alto del tobogán.

Hubo un grito y después un sonido fuerte y seco, como el que hace un corcho al salir del gollete de una botella, solo que treinta veces más fuerte.

—¡Se ha caído!

Bolton trotó hasta el pie del tobogán, algo asustado porque había más de cinco metros de altura desde la elevada plataforma hasta el suelo. Estaba seguro de que el mocoso se habría roto el cuello, o como mínimo una pierna.

Ardía en deseos de verlo —con el hueso asomando a través de la ropa, como en una de las películas de terror que tanto le gustaban—, y al mismo tiempo tenía miedo de lo que le dirían los responsables de la casa de acogida y la policía. Bolton había sido amonestado muchas veces por infracciones cada vez más graves. Estaba a un paso de que lo encerrasen en el reformatorio y tirasen la llave.

Pero cuando llegó al lugar donde Alex debería haber caído, no había nada.

—No está aquí.

—Mirad bajo la sombra del tobogán. Y en los otros columpios. ¡Rápido!

Buscaron durante un buen rato, pero no encontraron nada.

Alex Colt había desaparecido.

SETAS VERDES

Alex cerró los ojos al caer, atenazado por el pánico. Siguió cayendo y cayendo durante un tiempo que le pareció eterno.

«Ya está. Ahora me estrellaré contra el suelo.»

El dolor no le daba tanto miedo como que lo atrapasen. Odiaba la sensación de indefensión absoluta que sentía cuando lo rodeaban, lo agarraban y comenzaban a pegarle o a humillarlo.

En una ocasión lo habían atrapado entre cinco y habían jugado a un juego perverso. Cuatro de ellos se situaban sobre una de sus extremidades para no permitirle moverse y el quinto se dedicaba a escupirle en la cara. Salivazos asquerosos, lentos y pausados. Cinco puntos si le daban en la frente, diez en un ojo, cincuenta si le acertaban en la boca, abierta por los gritos.

«Ahora les resultará muy fácil. Estoy cayendo desde tan alto que, si no me mato, no tendrán ni que sujetarme, porque me habré roto todos los huesos del cuerpo. Ni siquiera podré resistirme.»

Siguió cayendo.

Y cayendo.

Finalmente, Alex decidió que ya llevaba cayendo demasiado rato y que no se había muerto, así que la gravedad debía de haberse roto o aquel era un tobogán muy alto.

Abrió los ojos.

Los volvió a cerrar.

Los abrió de nuevo.

El suelo estaba allí, a menos de veinte centímetros de su nariz. Y Alex seguía cayendo hacia él. O al menos sintiendo que caía, pero no llegaba a impactar contra él. Intentó revolverse, pero apenas podía agitar un poco los antebrazos y mover las manos, como si una enorme masa de aire ascendente le restringiese los movimientos.

Justo lo que ocurriría si estuviese desplomándose desde una enorme altura y estuviese a punto de hacerse migas contra el suelo...

—¡Un momento! ¡Este no es el suelo del parque!

La arena y los sucios charcos marrones habían desaparecido. En su lugar había una especie de metal de color gris azulado, con un diseño desigual y extraño.

«¿Dónde demonios estoy?», pensó Alex.

Lo habría dicho en voz alta, pero el miedo le había vuelto la garganta de papel de lija, y no le salió ni una sola palabra.

Intentó mirar a su alrededor, pero no conseguía ver gran cosa, la habitación estaba mal iluminada, y tampoco podía girar el cuello demasiado.

Porque seguía cayendo.

Seguía cayendo, pero no terminaba de aterrizar nunca.

—¿Qué me está pasando? —preguntó, aclarándose la voz—. ¡Ayuda!

En ese momento, y como si lo hubiesen oído, una serie de agujeros del tamaño de una pelota de tenis se abrieron en el metal del suelo delante de él. Círculos perfectos, de los cuales brotaron una especie de setas que refulgían con un tenue resplandor verdoso.

Setas con brazos.

Y piernas.

Setas con brazos y piernas que treparon fuera de los agujeros y se dirigieron hacia él.

«Me he vuelto loco. Tantos golpes de Bolton en la cabeza me han dejado completamente chalado», pensó Alex.

No era la primera vez que sentía aquel temor. Muchas noches, mientras se acurrucaba en un armario o debajo de la mesa de la cocina, intentando dormir, había oído una voz dentro de él que no era exactamente la suya. Una voz que le sugería acciones oscuras en idiomas secretos que él no comprendía.

Al despertar, nunca lograba recordar nada de lo que le había dicho la voz. Así que se había convencido de que no eran más que pesadillas, y de que no estaba loco.

Pero oír voces y ver setas con brazos y piernas eran dos cosas completamente distintas.

Uno de los extraños seres con forma de seta se paró justo delante de su cabeza. Debía de medir un palmo de alto. No tenía ojos, pero sí una boca llena de dientes redondos y afilados con la que le dedicó una sonrisa lunática.

Con asombro, Alex vio que llevaba un cinturón del que colgaban herramientas y toda clase de bolsas y estuches. De uno de ellos sacó una especie de mando a distancia diminuto. Su sonrisa de chiflado se ensanchó, antes de apretar el botón.

Se oyó un silbido que se desvanecía.

Alex sintió un estremecimiento por todo el cuerpo, y la molesta sensación de caída terminó.

Y entonces se estampó contra el suelo. Y a pesar de estar a pocos centímetros, le dolió.

Mucho.

Mientras se frotaba la frente y las rodillas, que eran las que se habían llevado la peor parte, Alex se sentó y se enfrentó a los seres con forma de seta verde.

—¡Auuuu! ¿Qué estáis haciendo?

Las setas respondieron con un extraño sonido agudo, coordinado y desagradable.

CHUBCHUBCHUBCHUBCHUB.
CHUBCHUBCHUBCHUBCHUB.
CHUBCHUBCHUBCHUBCHUB.

Alex se quedó mirándolas, estudiando su posición y cómo se agarraban la barriga y lo señalaban, y comprendió enseguida que aquel **CHUBCHUB** era una carcajada.

¡Aquellos bichos se estaban muriendo de risa a su costa! Trató de levantarse, pero al ponerse de pie se tropezó y cayó de culo, con un ruido que sonó sospechosamente parecido a un pedo.

—Perdón —dijo Alex, de forma automática.

Hubo un silencio breve, atónito. Y luego un

¡¡¡CHUBCHUBCHUBCHUBCHUBCHUBCHUBCHUBCHUB-CHUBCHUBCHUBCHUBCHUBCHUBCHUBCHUBCHUB-CHUBCHUBCHUBCHUBCHUB!!!

Las setas se revolcaban por el suelo, se daban palmadas en las rodillas, en las espaldas de las demás, todo sin parar de emitir aquel ruido molesto.

—¡Callaos! —gritó Alex—. ¿Queréis decirme dónde estamos, bichos apestosos?

Las risas se detuvieron en seco, y las setas verdes se volvieron todas hacia él al mismo tiempo. Alex tragó saliva al darse cuenta de que ahora había decenas de ellas, cubriendo todo el suelo a su alrededor, perdiéndose en la oscuridad.

—Oh, oh.

ALGO IMPOSIBLE

De pronto, un ejército de setas se lanzó sobre él. Alex se arrancó varias de la ropa. Tenían un tacto gomoso, frío y áspero, como una pelota de tenis sin pelo. Las arrojó a lo lejos, pero por cada una que desenganchaba, otras siete tomaban su lugar. Le trepaban por las perneras de los pantalones, se le metían por el jersey, haciéndole cosquillas y clavándole los diminutos dientecillos en su camino hacia arriba.

Alex temió que se lo comiesen allí mismo, en aquella extraña habitación, y redobló su lucha. Pero eran demasiadas, y el niño acabó desplomándose sobre la masa verde, en la que se abrió un agujero. Por segunda vez en pocos minutos, la frente de Alex se estampó contra aquel metal azulado.

—¡Dejadme!

Las setas lo cubrieron por completo, dejando solo libre la cara, y Alex paró de moverse. En ese momento se abrió un camino en la masa verde, y uno de los bichos apareció llevando algo escondido tras la espalda.

Cuando llegó a la altura de Alex lo sacó. Eran una especie de diminutas tenazas, con las que sostenía un cilindro del mismo metal azulado que formaba el suelo. Era grueso y redondeado en los extremos, como una píldora gigantesca.

—No pretenderás que me trague esAARGH!

La seta le había introducido un extremo de la píldora por la nariz. Era imposible que aquello cupiese allí dentro, era el doble de grueso que los dedos de Alex.

—¡Déjame! —intentó gritar, solo que sonó algo así como *njmmm*, porque la seta retorcía la píldora dentro de su nariz sin abandonar aquella sonrisa lunática.

No paró hasta que todo el cilindro estuvo bien arriba, dentro de la nariz de Alex. El niño sintió cómo aquello se estaba moviendo dentro de él, haciendo pitidos y ruidos extraños, subiendo por su cuenta.

«Está vivo —pensó Alex—. Y va hacia mi cerebro.»

Un millón de pequeños filamentos metálicos se abrieron paso dentro del cráneo de Alex, aunque él no lo supo. Simplemente sintió como si le hubiese estallado un hormiguero en la cavidad nasal, en el mismo sitio que le dolía cuando bebía agua muy fría con una pajita.

Cerró los ojos, intentando sobreponerse a aquella horrible sensación.

Cuando los volvió a abrir, las setas verdes se habían esfumado como por arte de magia. La última de ellas estaba saltando de nuevo dentro del único agujero que quedaba abierto en el suelo. Antes de desaparecer, se volvió hacia Alex y lo saludó con la mano, mostrándole las tenazas.

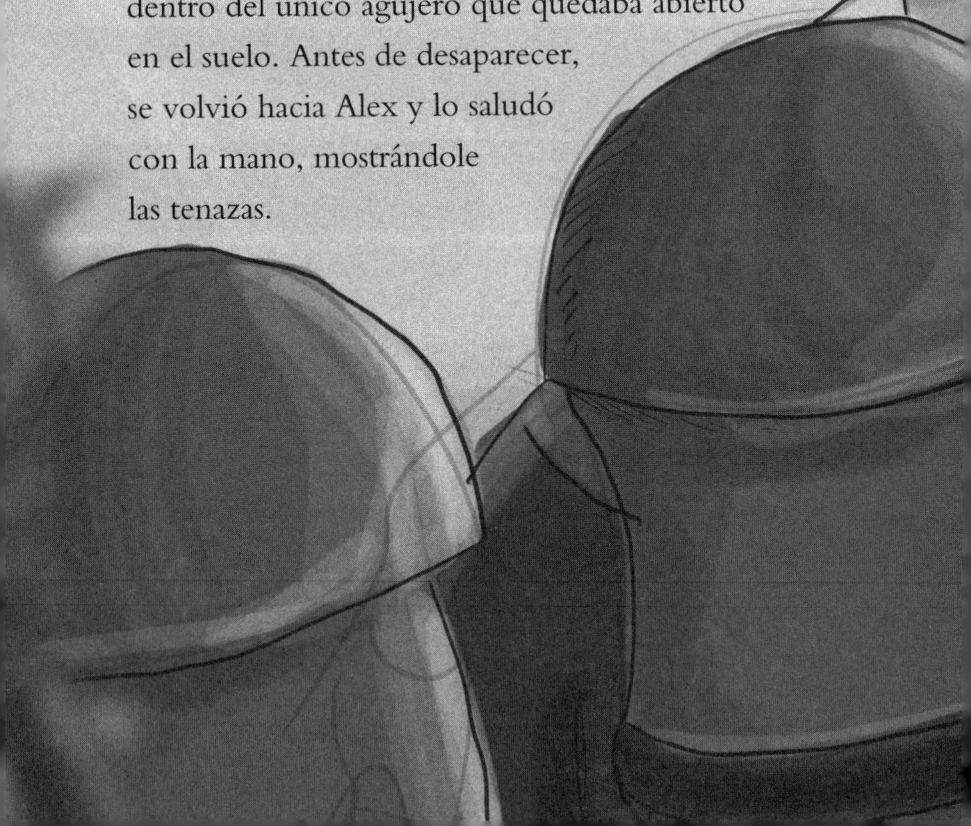

CHUBCHUB

Alex no pudo evitar devolverle el saludo y luego se dio cuenta de lo ridículo que se sentía, cuando lo único que quería en realidad era aplastar a aquel bicho repulsivo que le había hecho... aquello, lo que fuese que le hubiese hecho.

—¡Ven aquí!

Se lanzó a atraparlo antes de que desapareciese pero ya era tarde. El agujero en el suelo se había cerrado, sin dejar detrás bisagras ni ranuras visibles.

Era como si nunca hubiese estado ahí.

—¡Vuelve! —gritó al suelo—. ¡No podéis dejarme aquí!

No hubo respuesta.

¿Y dónde demonios era «aquí»?

Alex se puso en pie e intentó explorar la habitación. Se movía con cuidado, pues no había mucha luz. La única parecía provenir de una ventana que había detrás de él.

Caminó hacia ella y se dio cuenta de que nunca había visto una ventana tan extraña en su vida. Era redonda y el cristal parecía muy grueso. Estaba bastante alta, así que tuvo que apoyarse en el saliente de un mamparo para poder alzarse hasta ella y asomarse.

Cuando lo hizo, al principio no entendió lo que estaba viendo.

«Esto no es una casa.»

Primero pensó que estaba a bordo de un coche o de un camión, y que lo que tenía enfrente era una carretera oscura en mitad de la noche.

Después vio pasar frente a él algo que era imposible.

«No puede ser, no puede ser.»

Creyó que era la luna, pero la luna no tenía esos anillos ni aquel color tostado.

Frente a la ventana acababa de pasar el planeta Saturno, el sexto planeta del sistema solar. Situado a más de un millón de kilómetros de la tierra, había leído Alex en su libro de ciencias.

Y ahora, un puntito en la distancia.

Alex no pudo evitar soltar un taco increíblemente malsonante. Podemos disculpárselo porque era huérfano, vivía en una casa de acogida rodeado de delincuentes potenciales y todo eso. Y sobre todo por el enorme choque que le había supuesto darse cuenta de dónde demonios estaba en realidad.

—Estoy en una nave espacial.

UN ESPECTÁCULO IMPRESIONANTE

Saturno se hacía más pequeño en la distancia.

—Estoy en una nave espacial increíblemente rápida —dijo Alex, atónito.

Se tardaban tres años en llegar a Marte, lo había visto en una película que habían puesto hacía unos días en la tele sobre un astronauta que se quedaba perdido en aquel planeta. La había disfrutado mucho, al menos hasta que los niños mayores lo habían echado del salón a patadas.

Saturno estaba mucho muchísimo más lejos. A Alex no se le daban muy bien las matemáticas —era un negado absoluto, para ser exactos—, pero sí sabía calcular el paso del tiempo. Atendiendo al hambre que tenía y al mordisco que le había dado a la manzana, no debía de haber pasado más de una hora desde que se había caído del tobogán.

De pronto cayó en la cuenta de lo que estaba pasando y su incredulidad se transformó en miedo.

—Estoy en una nave espacial extraterrestre increíblemente rápida —dijo Alex, con la voz temblorosa.

Un millón de kilómetros en una hora eran muchos kilómetros para las naves humanas. Incluso un niño negado para las matemáticas sabía eso. Y las horribles setas verdes no salían en ningún libro de ciencias, ni en ningún documental de naturaleza que él hubiese visto.

Alex era un chico valiente. Nunca daba la espalda a los problemas, y solo corría delante de los matones cuando era absurdo hacerles frente. Pero aquel viaje hacia lo desconocido era demasiado para un niño de su edad.

De pronto hubo una vibración en el suelo, casi inapreciable, y un zumbido resonó en los oídos de Alex.

«Está frenando. No sé cómo lo sé, pero está frenando», pensó.

Entonces notó cómo la nave giraba, y un espectáculo impresionante se abrió delante de sus ojos asombrados.

Alex se quedó sin aliento.

Era grande, muy grande. Estaban lo bastante cerca como para apreciarlo, incluso aunque a Alex le faltase con qué comparar su tamaño. Calculó que debía de medir varios kilómetros desde la cabeza hasta la cola.

Primero pensó que era un animal gigantesco e imposible, una ballena enorme que surcaba el espacio con la calma inmutable de quien no tiene enemigos ni oposición.

Por supuesto, estaba hecha de metal, y miles de luces, antenas y claraboyas salpicaban su superficie. Pero incluso cuando se acercaron lo suficiente como para que estuviese claro que aquello no era un animal, Alex no pudo evitar pensar que aquella gigantesca nave espacial estaba tan viva y despierta como él mismo.

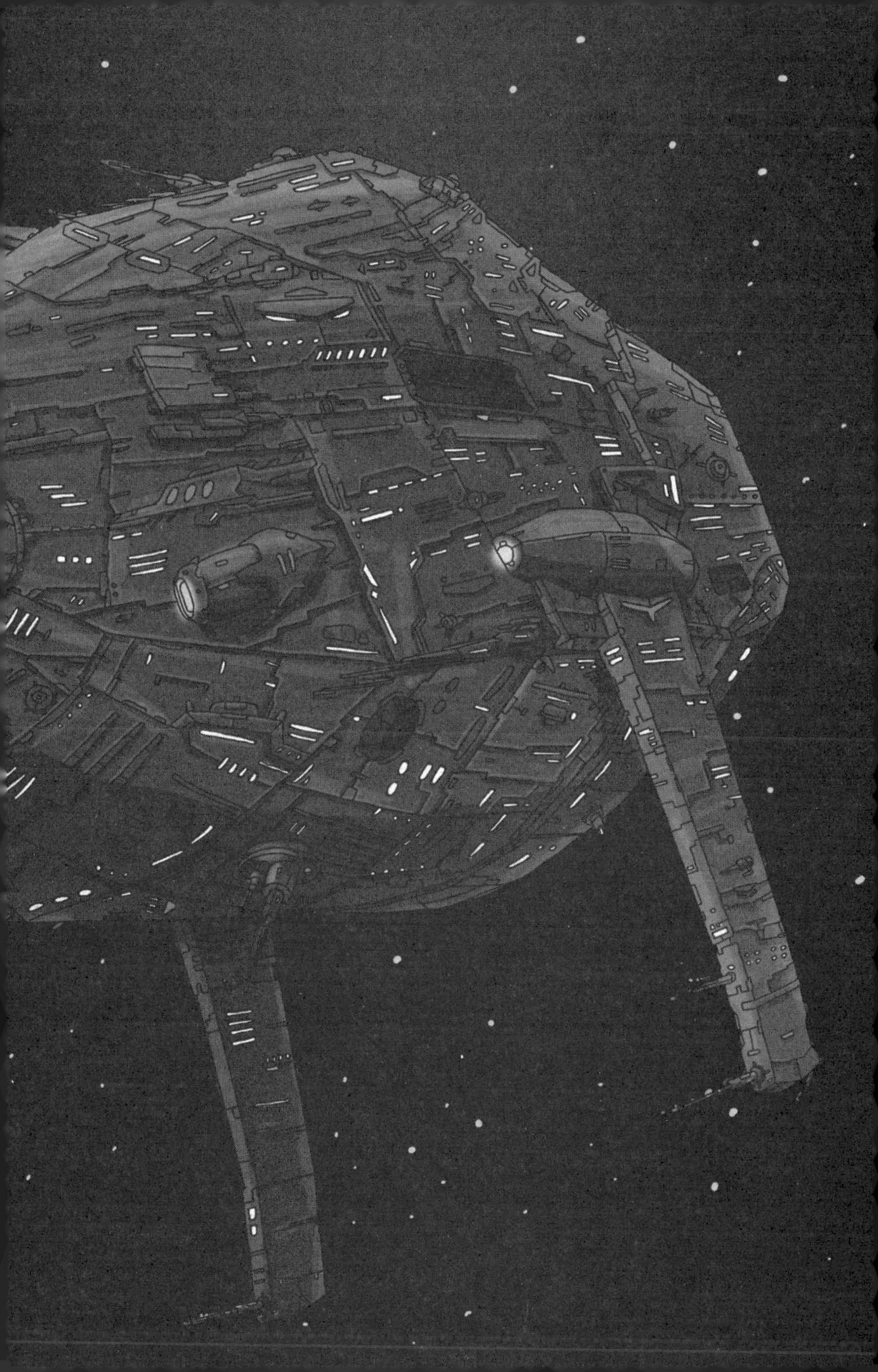

Soltó una carcajada de asombro y se pasó las manos por el pelo, con los ojos como platos.

—No puede ser. Es lo más alucinante que voy a ver en mi vida.

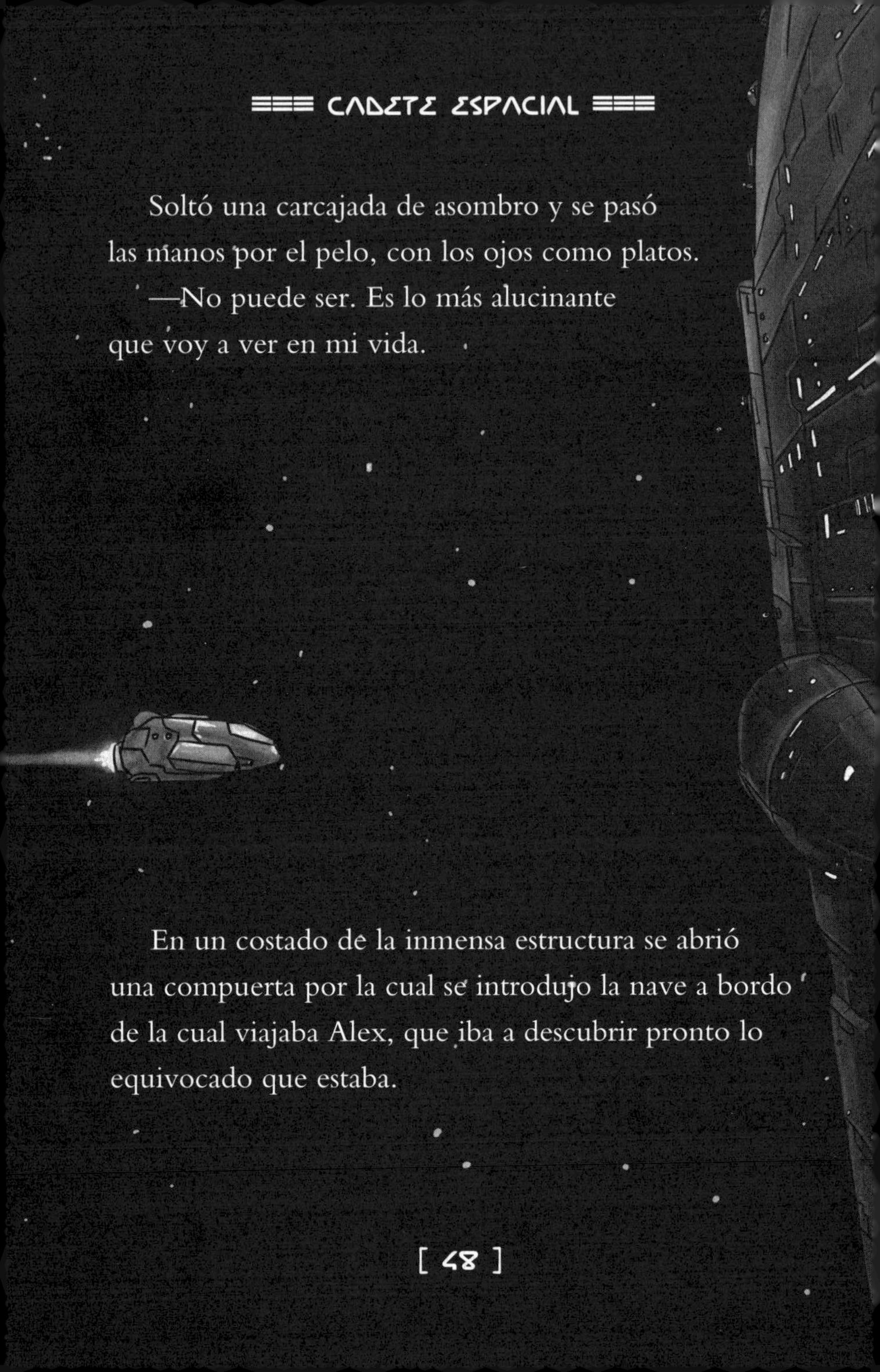

En un costado de la inmensa estructura se abrió una compuerta por la cual se introdujo la nave a bordo de la cual viajaba Alex, que iba a descubrir pronto lo equivocado que estaba.

COMO UN HUEVO CONTRA EL SUELO

Alex no pudo ver cómo era el interior de la ballena gigante, porque de pronto la claraboya —ese es su nombre en una nave espacial, no ventana— se cerró de golpe.

La escasa luz que entraba por ella se extinguió, dejándolo sumido en la oscuridad.

Alex dio un paso atrás sobresaltado. En ese momento oyó un zumbido y un chasquido seco, como el que haría una gigantesca trampa para ratones cerrándose sobre un incauto roedor.

En cuanto Alex dio un paso en dirección a la claraboya para ver si lograba abrirla, descubrió que el roedor en cuestión... era él. Un muro que no lograba ver le cerraba el paso. Intentó darse la vuelta, pero también había muro por ahí. Y por encima de su cabeza.

Había muro por todas partes.

Y se estaba encogiendo.

Cada vez más.

Y más.

Alex tanteó en todas direcciones, intentando encontrar el final, pero la pared invisible seguía contrayéndose sobre él. Ya no podía permanecer de pie, y tuvo que ponerse en cuclillas para que aquella fuerza irresistible no le destrozase la espalda.

«Voy a morir aquí, aplastado como un huevo contra el suelo.»

De pronto el zumbido se detuvo. Alex percibió como las paredes dejaban de encogerse.

Una línea de luz se abrió al otro lado del compartimento. A la tenue claridad, Alex descubrió que lo que había tomado por un muro era en realidad una esfera de un metro de diámetro. Estaba fabricada de algún material transparente, a mitad de camino entre el plástico y el cristal. Largos filamentos luminosos la surcaban, formando intrincadas filigranas intermitentes.

—¡Estoy metido dentro de una bola de hámster gigante!

Laura, una de las chicas de la casa de acogida anterior —o quizá era hacía dos casas, Alex no podía recordarlo—, tenía una jaula con un hámster blanco, el último regalo que le habían hecho sus padres antes de morir en un accidente de tráfico.

Cuando vio a Laura —tímida, dulce y tierna— entrar

por la puerta de la casa de acogida abrazando aquella jaula, sintió mucha pena por ella. Alex sabía que el bicho no duraría demasiado. Dos días después, el hámster estaba muerto dentro de su bola de correr, con las mandíbulas pegadas.

Los abusones le habían llenado la boca de cola de contacto.

No Bolton y los demás, otros distintos, porque si algo había descubierto Alex era que había abusones en todas partes.

Pensó si tendría que verse obligado a corretear dentro de aquella bola gigante para salir de allí, pero de pronto los filamentos luminosos parpadearon varias veces y la bola comenzó a rodar sola en dirección a la abertura de la nave.

Alex trató de ver qué era lo que había al otro lado, pero le fue imposible. El mundo se convirtió de pronto en un borrón azulado, mientras iba girando sobre sí mismo, cada vez a mayor velocidad dentro de aquella extraña esfera.

Intentó agarrarse a las paredes haciendo fuerza con

las manos y los pies, pero las palmas de las manos le sudaban, y sus viejas y gastadas deportivas resbalaban sobre la pulida superficie del interior de la esfera. Solo logró lastimarse las rodillas en el proceso.

La bola giraba cada vez más deprisa, hasta que de pronto se detuvo durante un momento. Apenas el tiempo necesario para que Alex pudiese mirar hacia abajo.

Su estómago se encogió al darse cuenta de que los rebotes de la esfera por el interior de la nave lo habían conducido hasta un gigantesco túnel vertical de cientos de metros de profundidad.

Después la bola comenzó a caer.

—¡A

A

A

A

A

A

A

A

A

H!

Con la nariz pegada al cristal y el vómito ahogándole el grito de miedo en la garganta, Alex notó que se desplomaba hacia el vacío oscuro a toda velocidad.

«Voyamorirvoyamorirvoyaespachurrarmecomounhuevocontraelsuelo», pensó.

La caída se mantuvo durante varios segundos.

A medida que las paredes del túnel, surcado de pasillos interconectados y de agujeros misteriosos, desaparecían tras él, Alex sintió como su miedo se convertía de pronto en otra cosa.

Aquello —la caída, la velocidad— le gustaba.

Su mueca se transformó en una sonrisa que duró menos de un instante, porque de pronto el suelo apareció en el horizonte, agrandándose a medida que Alex se precipitaba hacia él.

OJOS EN LA OSCURIDAD

Alex cerró los ojos, preparándose para el estruendo que haría la bola al partirse en mil pedazos.

El estruendo nunca llegó.

En lugar de eso se oyó un suave

CLIC

Un clic seguido por un siseo, a medida que el aire contenido en la burbuja escapaba del interior y se mezclaba con la negrura del fondo del túnel.

Se habían detenido.

En el centro de la esfera se encendió una fina línea con un resplandor potente que hirió los ojos de Alex. La mitad superior de la burbuja se desenroscó por sí sola y cayó al suelo.

Alex notaba el estómago revuelto. Se incorporó un poco, pero las náuseas del viaje se habían multiplicado, como si su cuerpo intentase acostumbrarse a estar de nuevo parado en un lugar.

Pero ¿qué lugar era aquel?

Desde luego, no uno amigable. Olía extraño, como una mezcla de plástico quemado y fruta pasada. La oscuridad era densa, aunque el mismo resplandor azulado que había percibido en la nave que lo había llevado hasta allí parecía brillar en las paredes.

Alex, cegado aún por la luz que había emitido la burbuja al abrirse, parpadeó varias veces. A través del material transparente de la esfera, creyó ver sombras a su alrededor.

Sombras que se movían.

Sombras con ojos.

Alex intentó ponerse de rodillas, pero resbaló en la pulida superficie y se dio de bruces con el fondo. No se rindió. Frotándose la nariz, tanteó con las manos en busca de apoyo.

Sus dedos encontraron el borde de la esfera. Se aferró a él con ambas manos y logró ponerse al fin de rodillas.

Las sombras lo rodeaban por todas partes. Sombras de distintas alturas y formas, que lo miraban con ojos rojos, encendidos como brasas.

Una de las sombras habló. Y luego otra, y otra.

Pero Alex no entendió las palabras. Ni siquiera comprendía los sonidos que las formaban, pues cada uno de ellos era distinto.

Oyó chasquidos, gruñidos, bufidos.

Oyó rugidos, bramidos, castañeteos.

Oyó tintineos, cloqueos, chirridos.

Oyó barritos, pitidos, silbidos.

Los sonidos surgían de las sombras, incomprensibles, mezclándose en una cacofonía insoportable y ensordecedora.

Alex se tapó los oídos. Al hacerlo, perdió el asidero del borde, y volvió a deslizarse por la resbaladiza superficie de la esfera. Se quedó en el fondo, boca abajo, con las manos sobre las orejas, deseando que las sombras se abalanzasen de una vez sobre él y terminase la pesadilla.

Esperó, pero no ocurrió nada.

Se retiró un poco las manos de los oídos.

A su alrededor, todo estaba en silencio.

Entonces oyó de nuevo un sonido extraño.

—**¿ChofCHOFFF ChoooofffCHOFchof plop plop Chofff?**

Una especie de chapoteo húmedo, como el que haría

un zapato al pisar un charco donde hubiese más barro que agua.

Alex volvió a asomarse de nuevo por el borde, y vio frente a él una sombra que producía los chapoteos y borboteos. Eran cortos y rítmicos, casi como si formasen...

—... **ChofCHOFsalir ChooofChofdaño.**

Palabras.

Aquella sombra le estaba hablando, comunicándose con él a través de aquellos sonidos.

—¿Vas **ChoffCHOFFFF** o qué?

Y lo que era aún más extraño, él estaba comenzando a entenderlo.

—¡¿Sé hablar marciano?! —dijo Alex, en voz alta—. ¿Cómo es posible?

Hubo más chapoteos provenientes de la oscuridad.

—Si sales, intentaré **CHOFchof plopplop**.

Alex no las tenía todas consigo acerca de lo que sería aquel **CHOFchof plopplop** que la sombra iba a intentar. Aun así, se apoyó en el borde de la esfera y pasó una pierna por encima. Logró bajar con no pocos esfuerzos, y dio un paso hacia la oscuridad.

CHOFPLOP HABLAR CHOFFFF

—**¡CHOF! ¿Chofplop ChofffCh** vienes?

Alex negó con la cabeza hacia la oscuridad.

—No... no te entiendo.

La sombra se agitó delante de él, y dio una vuelta a su alrededor.

—**ChofPLOP** hablar **chofFFFF**.

Alex sintió un fuerte zumbido en el interior de la cabeza. De alguna manera, sus oídos oían los chapoteos, pero su cerebro percibía el significado de lo que la sombra le estaba diciendo.

—Hablar. ¿Quieres que hable?

—**¡CHOF!**

Alex supuso que aquello significaba que sí.

—Pero no sé muy bien qué decir.

La sombra volvió a dar una vuelta alrededor de él.

—**ChoooofffCHOFchof**. Más. Hablar.

Alex se rascó la cabeza, estrujándose el cerebro, intentando averiguar qué querría la sombra que dijese (o, aún peor, si no terminaría diciendo algo que la hiciese enfadar).

No pudo pensar demasiado, puesto que la sombra dio otra vuelta, impaciente y amenazadora, alrededor de él.

—**ChoooofffCHOFchof**. Más. Hablar —repitió.

Alex abrió la boca para decir algo, pero tenía la garganta seca y apenas le salió un susurro ahogado.

—Yo...

Deseó estar muy lejos de allí, de vuelta en el callejón oscuro o en los columpios. Incluso corriendo delante de Bolton y los demás matones.

Siempre terminaban alcanzándolo, pero allí al menos Alex tenía una esperanza. Antes o después la señorita Danvers iría a buscarlo, a intentar conseguirle unos padres a los que no importase adoptar a un niño tan mayor y al mismo tiempo tan bajito y esmirriado. O al menos un hogar de acogida menos terrible, menos amenazador.

La esperanza no duraba mucho, claro. El tiempo justo para darse cuenta de que, para él, todos los sitios eran iguales.

De pronto recordó todas aquellas horas sentado, esperando junto a la mesa del despacho. Con la mirada perdida en dos cuadros que ella tenía en la pared. Dos cuadros que contenían dos poemas que, de tantas veces como había leído, había llegado a memorizar.

La sombra se impacientaba, y volvió a dar una vuelta alrededor de él, repitiendo una y otra vez:

—**ChofPLOP hablar chofFFFF**.

Sin saber muy bien por qué, pero sin tener tampoco nada mejor que decir, se puso a recitar uno de aquellos poemas.

Primero con la voz apagada y rasposa, luego cada vez más clara.

Cuando vayan mal las cosas,
como a veces suelen ir;
cuando ofrezca tu camino
solo cuestas que subir;
cuando tengas poco haber,

pero mucho que pagar,
y precises sonreír
aun teniendo que llorar;
cuando el dolor te agobie
y no puedas ya sufrir,
descansar acaso debes…
pero ¡nunca desistir!

El poema seguía, pero él no recordaba más versos. Tampoco tuvo ocasión de pensar mucho, pues un terrible zumbido se despertó entre sus ojos.

MOLESTIAS PASAJERAS

—Creo que con eso es suficiente —dijo la sombra—. Por supuesto, serán necesarias muchas más palabras antes de que esté funcionando a pleno rendimiento, pero...

Alex cayó al suelo, sujetándose el entrecejo, intentando calmar el dolor frotándose con las yemas de los dedos.

—¡AAAAAAH!

—... Por supuesto habrá ciertos inconvenientes temporales, quizá algunas molestias. Es posible que tu cuerpo realice movimientos involuntarios...

Los brazos y las piernas de Alex se extendieron al mismo tiempo. Él empezó a moverlos descontroladamente en el suelo, como si estuviese haciendo un ángel de nieve sobre el metal desnudo.

—¡¿Qué me pasa?!

—... puede que se produzcan espontáneos episodios de desmedida verborrea sin sentido...

La boca de Alex se abrió y soltó una retahíla de palabras encadenadas

—¡Marcalabalónestrellacorrelbatros!

y se volvió a cerrar.

—... no es más que el sistema intentando ajustarse, por lo que buscará términos con los que establecer comparaciones...

La boca de Alex volvió a abrirse. Alex intentó cerrarla, pero esta insistía en abrirse. Por más que trató de apretar las mandíbulas y los labios, no logró contener el torrente de palabras que escapó de su interior (y que nadie, nadie, debería intentar leer en voz alta sin tomar antes aire muy muy fuerte).

—¡Árbolescudomadreladrillozánganotigrenochesalmóndestacamentosucesióntijerasganchillotrestristestigrescomentrigoenuntrigalalerónpetardovasocojínbicicletasillaculomercenariolámparaperrohamburguesaconextradequesonomepongapepinillosporfavorodiolospepinilloseljardíndemitíoesmásgrandequeelsombrerodemitía!

Alex terminó jadeando, tratando de respirar y tosiendo como si hubiese estado corriendo durante horas.

—... no debes asustarte por ello —continuó la sombra—, ya que en cualquier caso todos estos efectos, por incómodos que resulten, son solo temporales.

De pronto el dolor, las toses y los movimientos incontrolados de brazos y piernas se detuvieron tan bruscamente como habían comenzado.

—¿Qué... qué me ha pasado? —dijo Alex, luchando por recuperar el aliento.

—Llevo un rato explicándotelo. ¿Es que no escuchas?

—No he entendido nada de lo que estabas diciendo. ¡Estaba demasiado ocupado retorciéndome de dolor!

Alex cayó en la cuenta de que ahora podía entender todo lo que la sombra decía. Sus oídos seguían captando el singular chapoteo, pero era capaz de descifrarlo, como si una voz dentro de su cabeza estuviese traduciéndolo.

Se tocó la frente y entonces comprendió.

—Espera un momento... ¿Es por este cacharro que me han metido las setas verdes en la cabeza?

—Se llama CT. Chip Transcerebral.

—¿Y para qué sirve?

—Es una especie de ordenador. Sus filamentos escanean tu estructura cerebral y se insertan en los lugares adecuados.

—¿Filamentos? Es decir... ¿cables?

—Miles de ellos.

—¡¿Me estás diciendo que esta cosa me ha llenado el cerebro de cables?!

La sombra volvió a girar de forma amenazadora, haciendo más densa la oscuridad alrededor de él. Parecía flotar, como un humo negro.

—Cada vez que hablas, el CT contrasta la información con su base de datos y traduce lo que dices. Pero necesita que el sujeto pronuncie cierto número de palabras antes de funcionar de forma adecuada.

—¿Por eso me has hecho hablar antes?

—Exacto. Mi CT me repite lo que dices en mi propio idioma. Así podemos entendernos entre distintas razas.

—¿Cómo que entre distintas razas? ¿No son todos como tú?

—No, no son todos como yo.

—¿Y qué *flink* de sitio es este?

Al llegar a la tercera palabra de su frase, Alex sintió de nuevo el zumbido en su cabeza, solo que más leve. Era como si alguien le golpease insistentemente con el dedo entre los ojos, solo que por la parte interior del cráneo.

—Qué... ¿qué ha pasado?

—Quizá debería haberte avisado... Aquí no están permitidos los tacos, juramentos, maldiciones, insultos, palabrotas, descalificaciones, improperios...

—Ya, ya lo pillo —interrumpió Alex impaciente—. Eso me ha dolido.

—Cada vez que digas un taco, el CT lo sustituirá por la palabra *flink*. Además te aplicará un pequeño correctivo en forma de descarga en el interior de tu cerebro.

—Pequeño, dice. —Alex se frotó la frente de nuevo—. Está bien... Intentémoslo de nuevo. ¿Qué sitio es este?

—Será mejor que te lo muestre —dijo la sombra—. Voy a encender la luz. Sobre todo, no grites. No soporto los ruidos fuertes.

—¿Por qué habría de gritar?

—Es posible que te asustes.

—Enciéndela.

—¿Prometes no asustarte?

—Lo prometo. Enciéndela.

La luz se encendió. Y Alex comenzó a gritar de terror.

HORMIGAS EN UN HORMIGUERO

Frente a él flotaba el ser más raro que Alex había visto en su vida. Era como un gigantesco flan de gelatina rosa, sentado sobre una bandeja metálica repleta de luces, que volaba a un metro del suelo.

Alex cayó de culo ante aquel ser, sin dejar de gritar.

—¡Para de hacer ruido! ¡Los camloreanos no soportamos los gritos!

La masa de gelatina tenía ojos y boca, y lo miraba con enfado, pero no parecía peligroso.

Solo era... distinto.

Alex logró dominar su miedo.

—Lo siento. Ha sido la impresión.

—Vaya —dijo el camloreano, aún molesto—. ¿Por

qué tenéis que ser todos los Zeros tan asustadizos? Si te pones a gritar al verme a mí, ¿qué harás cuando veas a un mulkachiano enfadado?

—No sé qué es un mulkachiano —dijo Alex, avergonzado por el espectáculo que había dado—. Y de verdad que siento haber gritado.

—No pasa nada. Al fin y al cabo, solo eres un Zero.

—No soy un cero. ¿Qué *flink* es un cero?

De nuevo el zumbido y el dolor.

—¡Ay! —se quejó Alex.

El ser suspiró, o al menos el CT en la cabeza de Alex lo interpretó como un suspiro.

—Te acabarás acostumbrando a decir *flink*, en lugar de palabrotas. Evita problemas, podrás desahogarte, y además todos te entenderán igual. No es que yo apruebe el uso de...

—Te entiendo, te entiendo. El *flink* Chip Transcerebral de *flink* me ha hecho un daño de la *flink*. Y ahora, ¿puedes explicarme qué es un cero? Yo no soy un cero. Soy un niño, y tengo casi trece años.

—Por supuesto que eres un niño. Casi todos a bordo somos niños. Y no es cero, como el número. Es Zero, el nombre. Es el nombre que recibís las razas que aún no habéis descubierto que hay vida más allá de vuestro propio planeta. ¿Cómo os llamáis a vosotros mismos?

—Humanos —dijo Alex.

—¿Y a vuestro planeta?

—Tierra.

—Verás, **ChumanoFFF**, vuestra especie es ahora mismo como una **ChooofffCHOFchOf** en un **plopfplofpfl**.

—¿Cómo has dicho?

—Como una **ChooofffCHOFchOf** en un **plopfplofpfl**.

El CT tardó un par de segundos en procesar aquellas dos palabras, pero de pronto Alex vio claramente en su cerebro la imagen de un hormiguero. Pequeñas hormigas afanándose en conseguir comida, ajenas a la vida que llevaban los humanos en la superficie.

—Creo... creo que te entiendo. Te refieres a hormigas en un hormiguero.

—No sé a qué animal te refieres, pero el CT habrá buscado el más parecido en tu idioma. Vosotros los Zeros sois iguales que hormigas en vuestro planeta.

Alex reflexionó un momento. Era cierto que casi todos los humanos que creían en la existencia de alienígenas eran ridiculizados.

—Mucha gente piensa que estamos solos en el Universo.

El camloreano se rio. El sonido era idéntico al que haría una pistola de agua llena de zumo de naranja, o un bote de kétchup echando el último chorrito.

—Típico de los Zeros. ¿Sabéis lo grande que es el Universo? Hay catalogados más de trece millones de billones de planetas capaces de albergar vida.

La inmensidad del número dejó a Alex descolocado.

—Eso son...

—Eso es un trece seguido de dieciocho ceros. 13.000.000.000.000.000.000 de planetas como la Tierra. No están todos habitados, por supuesto.

La cabeza de Alex iba a gran velocidad, intentando asimilar todo aquello.

—Y... ¿Hay muchas más civilizaciones? Además de los camloreanos, me refiero.

—Varios millones. El número exacto no lo sé.

—¿Cómo que no lo sabes?

—Varía constantemente. Algunas civilizaciones son desconocidas para la Confederación, como la vuestra. Os descubrieron hace unos días. Casi todos los Zeros son desconocidos. Luego están los Unos y los Doses, que son los que han salido de su planeta y viven dentro de su sistema solar o han colonizado los más cercanos. Y luego están los Treses, las civilizaciones que son capaces de viajar entre galaxias. Ya irás aprendiendo estas cosas.

—Espera un momento... Has dicho que el número de civilizaciones varía constantemente. ¿Por qué?

—Hay muchas razones. El Universo es gigantesco. Tan enorme que incluso las civilizaciones más avanzadas apenas han explorado una parte muy pequeña. Se descubren civilizaciones cada poco tiempo. Y otras... desaparecen.

YO ME LLAMO BLOP

Hubo algo en la manera en la que el camloreano dijo aquello que le dio escalofríos a Alex.

—¿Qué quieres decir con que desaparecen? Los mundos no desaparecen así como así.

La mera idea de que la Tierra pudiera desvanecerse hizo temblar a Alex, pero para el camloreano aquello no parecía demasiado preocupante.

—Las civilizaciones mueren constantemente. Muchos Zeros no llegan a convertirse en Unos, se matan unos a otros en guerras sin sentido, o contaminan su planeta y mueren sin saber que no estaban solos. Otras veces su mundo arde porque explota alguna supernova, o un agujero negro se come su galaxia; cosas así.

Aquí hay 13.000.000.000.000.000.000 de planetas como el tuyo. Puedes contarlos, si no nos crees.

Hizo una pausa y convirtió su voz en un susurro.

—Y luego, por supuesto, está el Zark.

—¿Zark? ¿Qué es un zark? —preguntó Alex, con extrañeza.

—No un zark. El Zark. Y no es algo que necesites saber por ahora. Será mejor que vayamos a buscarte algo que ponerte. Con esa ropa primitiva seguro que te mueres de frío. Aunque antes tienes que ver a alguien.

Alex se puso en pie. Era cierto que la habitación estaba helada. Miró a su alrededor. El lugar estaba vacío, salvo una especie de pedestal lleno de extraños símbolos. La esfera en la que había llegado había desaparecido.

—Yo me llamo Blop —dijo el camloreano.

—Yo soy Alex. Alex Colt.

Miró al techo. Tampoco había rastro del agujero por el que había entrado.

—¿Cómo demonios he llegado aquí?

Blop tardó un rato en contestar, como si le costase pronunciar las palabras que dijo a continuación.

—No lo sabemos —admitió.

—¿Cómo que no lo sabéis? Alguien ha tenido que traerme.

Blop se agitó de un lado a otro, nervioso.

—Verás, nadie había avisado de tu llegada. Apareciste en mitad de una clase de MultiCom con el profesor Diviak.

—¿MultiCom?

—Combate Multidisciplinar. Hoy teníamos que pelear a oscuras contra holoandroides. De pronto, tu esfera aterrizó en mitad de la sala y la clase se fue a la *flink*. La verdad, te lo agradezco. Los camloreanos no somos muy buenos en la pelea cuerpo a cuerpo. Lo nuestro es la navegación interestelar.

—Bueno, me alegro de que mi secuestro te haya ayudado a saltarte una clase —dijo Alex, sarcástico.

—Todo el mundo se puso como loco. Nadie esperaba alumnos nuevos este año, y mucho menos cuando hace ya diez ciclos que hemos comenzado el curso.

—¿Qué son ciclos?

—Es el tiempo que tarda el planeta Antares en girar sobre su eje.

—Ah... un ciclo es como un día en la Tierra, entonces.

Blop lo pensó un momento.

—Sí, supongo que sí. El caso es que aún no nos conocemos todos mucho. El curso comienza tradicionalmente con un viaje a alguna de las regiones exteriores, y nadie esperaba los... contratiempos que han sucedido. El caso es que todo el mundo está muy muy nervioso.

—¿Contratiempos? ¿Qué contratiempos?

—Prefiero no hablar de eso —rehuyó Blop, dando una vuelta sobre sí mismo.

Alex se dio cuenta de que era la forma en la que el camloreano expresaba preocupación, y no quiso insistir.

—Cuando apareciste a mitad de la clase de Multi-Com, hubo mucha confusión, gritos, cadetes que querían comerte, cosas así. Entonces el profesor Diviak mandó salir a todo el mundo menos a mí, y me encargó que te ayudase a instalarte.

—¿Por qué tú?

—Por mi aspecto amigable, supongo. Solo soy un cadete de primer año, igual que tú. Deberías estarme agradecido, Alex. Podría haberte tocado Ragant.

Las palabras exactas del profesor Diviak habían sido «Que el inútil de Blop se encargue de recibir a essse Zero. El resto de vosotros, continuemosss la clase en la sala de al lado», pero Blop no le dijo nada de eso a Alex.

—Gracias, supongo.

—Yo no encendí las luces antes para que no te asustases. Supuse que sería duro para ti.

—¿Has conocido a muchos Zeros antes?

—Eres el primero.

Blop fue hacia la puerta de la sala, que se abrió automáticamente cuando se acercó. Alex le siguió, intentando mantener la velocidad del camloreano. No le resultó fácil.

Salieron a un pasillo largo y estrecho, por el resplandor azulado que imperaba en toda la nave y que parecía surgir de las paredes.

—No te apartes nunca del sendero marcado con pintura amarilla. Son los pasillos que podemos recorrer los cadetes.

Una gruesa línea amarilla, parecida a las líneas de tráfico pintadas en las carreteras de la Tierra, dividía el pasillo en dos. Cada pocos metros, unos caracteres de un color más oscuro indicaban adónde conducía aquel sendero. El niño se detuvo un momento a leer lo que estaba escrito en uno de ellos y vio

Pero hubo un breve zumbido en su cabeza y enseguida el Chip Transcraneal le tradujo que aquellos caracteres significaban:

PARADA DE
TRANSPORTESFERA #3896

—No te apartes nunca del sendero de línea amarilla —insistió Blop—. No solo porque esté prohibido. Es que podrías morir. Podrían comerte los mowams, o peor, podrías perderte. *MADRE* es un lugar enorme, peligroso e inexplorado. Ni siquiera los que llevan viviendo aquí toda su vida llegan a conocer más que una pequeña parte.

Alex vio que varias de las setas verdes se afanaban en las paredes, o cruzaban de pronto el pasillo a la carrera para desaparecer por agujeros secretos, como si nunca hubiesen estado ahí.

—Bichos repugnantes —dijo Alex.

—Ah, hablas de los chubis. No son bichos. Son los que mantienen todo en marcha aquí. Son imprescindibles, y muy inteligentes. Si te llevas bien con ellos, te ayudarán mucho. Además, son adorables.

Alex hizo un gesto de disgusto. Aquellos chubis le habían secuestrado y metido un enorme artefacto por la nariz. No le parecían en absoluto adorables. Intentó pasar por encima de un grupo de ellos y casi pisó a uno. Este le hizo un gesto desagradable con la mano y emitió unos cuantos **CHUBCHUB** como protesta.

—No pasa nada si los pisas. Son casi indestructibles. Pero no les hace ninguna gracia —advirtió Blop.

Alex prefirió cambiar de tema.

—A ver si lo he entendido bien... ¿Esto es un colegio, entonces?

Blop lo corrigió con suficiencia.

—No es un colegio. Es una academia. La más importante y la más exclusiva del Universo. Billones de niños de todos los sistemas conocidos sueñan con entrar en ella. Muchos se presentan cada año a las pruebas de selección en el planeta Antares, y solo unos pocos son elegidos.

—Una academia... ¿a bordo de una nave?

—Exacto. Y no la llames nave. No es una nave cualquiera. Es la nave más antigua que existe en el Universo y su nombre es *MADRE*. Es un poco temperamental.

—Quieres decir... ¡¿que está viva?!

—Claro que está viva. Bueno, dicho así quizá suene un tanto raro. Es la única nave viva que se conoce. Fue construida hace millones de años para servir como escuela para los pilotos espaciales.

—Pero... has dicho que millones de niños se presentan para entrar en la escuela. Yo no me he presentado.

Habían llegado al final de un pasillo. Blop apretó un botón en un cuadro de mandos y unas puertas se abrieron.

—No, no te has presentado. Cuidado donde pisas.

Alex vio que al otro lado no había nada, solo un gigantesco pozo similar a los túneles que él había recorrido para entrar en *MADRE*.

—Tienes que saltar hacia adelante, con los brazos y las piernas muy pegados al cuerpo.

—¿Estás loco?

—Una transportesfera te llevará a donde debemos ir.

Alex volvió a asomarse al abismo.

—Ahí no hay nada —dijo.

—No te preocupes, que ya aparecerá.

—No pienso saltar ahí sin que me respondas una cosa.

Blop lo miró impaciente, pero al final cedió.

—¿Cómo es posible que esté aquí si no me he presentado?

El camloreano parecia inseguro al responder.

—A veces, *MADRE* escoge a candidatos a cadete que no se habían presentado. Incluso entre los Zeros.

—Ah, ¿sí? ¿Hay muchos candidatos involuntarios a bordo?

—No, muchos no.

—¿Cuántos?

Blop tardó un instante en responder.

—Ninguno.

—¿Cuándo fue la última vez que se escogió de candidato a un Zero?

Pero Blop no contestó. Se limitó a darle al humano un empujón en la espalda, embistiéndolo con su aerodeslizador.

Alex cayó, gritando, en el vacío.

—¡No te olvides de pegar bien los brazos al cuerpo! —fue lo último que oyó, mientras se hundía en la oscuridad.

EL MISTERIO AUMENTA

Hubo un destello, un chasquido al abrirse las puertas, y Alex se encontró de nuevo desmadejado dentro de una transportesfera en mitad de un lugar desconocido. Solo que esta vez era una habitación mucho más pequeña, y a diferencia de las que había visto hasta ahora, el metal de las paredes estaba recubierto de enormes raíces verdosas.

—¿Cómo ha sido tu viaje, muchacho?

Alex se puso en pie al oír una voz cascada y rasposa, como papel de lija frotando la pata de una silla.

Al otro lado de la habitación, desde un escritorio de madera, le contemplaba un viejo arrugado y extraño. Su piel era grisácea, sus orejas puntiagudas y una enorme

masa de pelo blanco le ondeaba bajo una nariz del tamaño de una berenjena.

—Agitado, señor.

Lo cierto es que esta segunda vez no había sido tan terrible. Tras unos cuantos metros de caída libre, la mitad de una transportesfera había surgido de la oscuridad y le había recogido. La otra mitad se había cerrado sobre él y lo había lanzado a una nueva, aunque mucho más corta, carrera por túneles desconocidos que había concluido en aquel despacho.

El anciano se puso en pie renqueante.

—Nunca he logrado acostumbrarme a esas malditas cosas. Esfetúneles. Danzando y rebotando de un lado para otro, sí, danzando y rebotando.

Alex vio asombrado que no tenía brazos. La barba, fuerte y espesa, parecía tener vida propia, y se enroscaba en torno a un nudoso bastón en el que el viejo se apoyaba para avanzar hacia él.

—Trescientas promociones de cadetes he vivido en esta nave, y aún no he logrado acostumbrarme. Hummmmm...

El viejo llegó junto a él. Era ligeramente más bajo que Alex, y se inclinó levemente hacia el niño para examinarlo de cerca. Sus ojos estaban cerrados, pero un par de antenas que tenía sobre la cabeza recorrieron la cara de Alex varias veces.

—Quién... ¿quién es usted?

—Esa pregunta es sencilla. Yo soy Bardurian, y Bardurian soy yo.

El viejo siguió emitiendo sonidos extraños, mientras las antenas se movían sin parar.

—Hummmmm... Un bípedo vertebrado estándar. Esqueleto interno, piel blanda y sensible. Rodillas quebradizas. Debes de tener unos... tres años antareanos. Esperanza de vida muy corta, apenas veinte años antareanos, veintiuno como mucho. Dedos prensiles, cinco. Eso está bien, por supuesto. Cinco es un buen número. Es un número *adecuado*. Cinco es el número *correcto*.

Alex se echó hacia atrás, sorprendido por el escrutinio. De nuevo comenzó a toser, esta vez de forma más profunda. El aire en aquel lugar estaba enrarecido, olía como una infusión fuerte y amarga.

—Apenas puedo respirar aquí. Y no he parado de toser desde que llegué.

—Ah, eso es porque te estás muriendo, por supuesto. Nada que deba preocuparte, no, nada, por supuesto —respondió Bardurian, volviendo detrás de su escritorio.

—¡¿Qué?!

—Nada que deba preocuparte —repitió el anciano. Se sentó, dejó el bastón a un lado y se quedó muy quieto. Al cabo de unos instantes, Alex oyó unos inconfundibles ronquidos.

El anciano se había dormido.

—¡Oiga! ¡Oiga! ¡Despierte! —dijo Alex, volviendo a toser.

El viejo se agitó en sueños, y finalmente se incorporó.

—¿Qué sucede, muchacho?

—¿Cómo que qué sucede? ¡Voy a morirme!

—No, he dicho que te estás muriendo, no que vayas a morirte. La atmósfera a bordo de *MADRE* es venenosa para los de tu especie, me temo. Y morirías en seis o siete horas si tu Chip Transcerebral no estuviese modificando tu cuerpo ahora mismo mientras hablamos. Mientras hablamos, sí.

—¿Modificando?

—No sé cómo funciona. Pequeños láseres, modificación genética. Cacharros infernales, en mi opinión. Te han puesto uno de esos, ¿verdad? ¿Te lo han puesto?

—Sí, señor.

—Entonces no te preocupes. Casi siempre sale bien. Casi, casi, casi siempre.

Volvió a reclinarse en la silla y se quedó dormido de nuevo. Alex se acarició la frente otra vez. Imaginó los cables que había descrito Blop removiéndose por dentro de su cuerpo, buscando y cambiando, cortando y trasteando con lo que no debían. ¿Y si se equivocaban en algo?

«Casi siempre sale bien.»

Casi siempre.

Cuando tienes una máquina alienígena haciendo experimentos dentro de tu cabeza, casi siempre no es suficiente.

—Yo no quiero esto —susurró Alex.

Dio un par de pasos hacia el escritorio.

—Señor.

Los ronquidos continuaron.

—¡Señor!

Bardurian se incorporó de golpe.

—¿Aún estás aquí, muchacho?

—Sí, señor. Y ese es el problema.

—No me llames señor, muchacho. Soy profesor. Profesor Bardurian.

—Y yo no soy muchacho, ni soy un cadete. Soy Alex Colt. Y quiero volver a casa.

QUIERO VOLVER A CASA

Bardurian pareció reaccionar ante aquello. Su espalda estaba ligeramente menos encorvada, y sus antenas se tensaron con sorpresa.

—No sé si te he entendido bien, muchacho.

—Quiero volver a casa.

—Quieres volver a casa.

—Exacto.

—A tu planeta.

—A mi planeta.

—No puedes volver a tu planeta. Es la ley de la Confederación. Una vez que eres reclutado, no puedes abandonar. No puedes, no puedes.

—No conozco esa ley, y me parece injusta.

—¿Te das cuenta de que millones de seres conscientes desearían estar en tu puesto, muchacho?

Alex respiró hondo. El vaho enrarecido de las plantas del despacho se le metió en los pulmones y volvió a toser.

—No, profesor —dijo cuando logró recuperarse—. No me doy cuenta de nada. Hasta hace unas horas no era más que un niño que vivía en una casa que le parecía demasiado grande.

—Ya veo. Y eres feliz en esa casa, supongo. Feliz, feliz.

—No, profesor —admitió Alex, a regañadientes.

—Tenías familia, amigos.

Alex pensó en Bolton y en el resto de los matones, lo más parecido a una familia que había conocido en su vida.

—Tampoco.

—Entonces... ¿por qué quieres volver a ella?

Esa era una excelente pregunta.

—No quiero volver a ella. Es decir, sí que quiero. Quiero volver a la Tierra. No quiero estar aquí. No tenían ningún derecho a traerme sin preguntarme a este lugar lleno de veneno, a meterme esa cosa en la cabeza y decirme que este es un colegio...

—Academia.

—... donde todo el mundo querría estudiar, y ¿para qué?

—No te lo han explicado. No, no.

—¿Qué tendrían que haberme explicado?

—Cuál es nuestro propósito.

—No, señor. Solo me han dicho que yo soy un Zero y que el Universo es gigantesco, y que no puedo entender nada.

Bardurian negó con la cabeza y se puso en pie. Llevó a Alex junto a la enorme portilla que había a un lado del despacho, y los dos se asomaron al espacio infinito. Estaban cerca de un enorme planeta, tanto que Alex podía divisar grandes cordilleras bajo un mar de nubes amarillentas. Más lejos, del tamaño de una pelota de tenis, Alex reconoció Saturno.

—¿Sabes cómo se llama ese planeta? ¿Cómo se llama?

—¿El de los anillos? Su nombre es Saturno.

—¿Y esta luna? ¿La que tenemos más cerca?

—No lo sé, profesor.

—Yo tampoco lo sé, muchacho.

El anciano guardó silencio durante un rato. Alex percibió su olor, acre y gastado, como las páginas de un libro viejo y carcomido por la humedad.

—Sé unas pocas cosas. Las suficientes como para reconocer que, por mucho que llegue a descubrir del Universo, el número de cosas que nunca sabré es infinitamente mayor que las que conozco.

—Entonces... ¿no tiene sentido aprender?

—No, muchacho, al contrario. Aprender es lo único que lo tiene. Nunca podrás saberlo todo, pero podrás llegar a conocer lo importante. Ven, mira esto. Ven, ven.

Lo llevó a una especie de estantería que había a un lado de la estancia. Estaba repleta de esferas extrañas, cubiertas de símbolos. A un lado había una caja transparente con forma cúbica. Se la señaló a Alex.

—Esto es un corfin. Un animal peculiar, sin duda. En las condiciones adecuadas, puede vivir para siempre. Por desgracia, es el último de su especie. El único que queda de un planeta que fue destruido hace milenios.

Alex vio un pequeño insecto rojizo que lo miraba

desde lo alto de una piedra minúscula en el interior del cubo. Parecía solo y triste.

—¿Fue un agujero negro?

Alex lo dijo por rellenar el silencio, porque en realidad no tenía ni idea de qué era un agujero negro, solo sabía que se tragaba todo lo que pasaba cerca, o al menos eso había visto una vez en los dibujos animados. Pero era muy distinto ver algo en la televisión que estar allí, en la inmensidad del espacio, hablando de ello.

Bardurian tardó en responder. Era como si se hubiese olvidado de que Alex estaba allí.

—No fue un agujero negro. No, no lo fue —dijo al fin—. Fue algo mucho más poderoso, e infinitamente más terrible. Fue el Zark.

[14]

LAS COSAS SUCEDEN POR UNA RAZÓN

Un peso enorme pareció cargarse sobre los hombros del anciano al pronunciar aquella palabra, y el aire en la habitación se hizo aún más espeso.

—Qué... ¿qué es el Zark?

Temía que Bardurian no respondiese. Cuando comenzó a hablar, deseó que no lo hubiese hecho.

—Es un ser inteligente y antiguo. El más antiguo que existe. Quizá el primer ser consciente del Universo. Si tu vida me parece corta en comparación con la mía, muchacho, imagina lo que podemos parecerle nosotros a él, que tiene miles de millones de años. El Zark siente un desprecio infinito por toda la vida que no sea la suya. Fue el primero, y su intención es ser el último.

Bardurian señaló a las estrellas, frías y lejanas.

—El Universo está en expansión, Alex. Pero un día, un día tan lejano que para nosotros es inimaginable, dejará de crecer. Y ese mismo día empezará a morir. Se irá encogiendo sobre sí mismo, hasta que desaparezca. El Zark sabe esto, y sabe que necesita todos los recursos a su alcance para vivir hasta el último instante. Hasta el último instante, sí.

—No lo comprendo. ¿Por eso destruye planetas?

—Aniquila cualquier inteligencia que no sea la suya. Para el Zark, todo lo que no sea el Zark es un enemigo o un competidor. Y lo mata, como aniquiló el mundo de este pequeño corfin. Como ha destruido miles y miles de planetas y exterminado incontables formas de vida desde hace millones de años. Dejando tras él desiertos como ese de ahí abajo —dijo Bardurian, señalando con el bastón hacia la luna que se extendía ante ellos.

Alex temblaba de miedo. Si el espacio le parecía un lugar inhóspito antes, ahora le resultaba aterrador.

—¿Y nadie puede hacerle frente?

—Muchos lo han intentado. Lo intentaron y murieron. El Zark ha ido acumulando tanto poder a lo largo de los eones que nadie ha sido capaz de hacerle frente en solitario. Por eso se creó la Confederación. Una unión inestable de mundos y sistemas que se expande por varias galaxias. Antiguos enemigos, unidos contra un enemigo común. Una mezcla peligrosa que cada día puede explotar.

El anciano agitó la barba y golpeó el suelo de su camarote con el bastón, arrancando un sonido metálico que rebotó por las paredes.

—Esta nave, *MADRE*, es la escuela donde se forman los pilotos de la Confederación. La última defensa contra el Zark, construida por los Eternos, la primera especie consciente del Universo. Aquí es donde has sido invitado, para que en el futuro puedas ayudarnos a ganar esta guerra milenaria contra un enemigo que jamás se rendirá.

Alex miró al profesor Bardurian. Tras la charla parecía vacío y cansado. Su espalda volvía a curvarse, y se apoyó aún más en el bastón.

No lo miraba, al menos Alex eso pensaba, porque sus ojos negros eran tan inescrutables como el espacio entre las estrellas. Pero el silencio que guardaba parecía necesitar una respuesta.

—No entiendo por qué vinieron a buscarme, ni cómo fui elegido. ¿Fue usted?

—No, no fui yo. Ni ninguno de los profesores. Fue *MADRE* quien te trajo. Fue *MADRE*, sí.

—¿Por qué yo?

Bardurian hizo un ruido extraño que el CT de Alex no supo traducir, pero que el niño interpretó como un suspiro de cansancio.

—Hay muchas cosas que no sabemos, muchacho. Muchos misterios a bordo de *MADRE*. Ella sigue la voluntad de los Eternos, sí, pero a veces piensa por ella misma. ¿Por qué envió a los chubis a buscarte? No lo sé. Es algo que no sucedía desde hacía muchos siglos. Pero si ha ocurrido ahora es por un motivo. Un motivo, sí.

Alex negó con la cabeza.

—Yo... yo solo soy un Zero. No tengo nada que aportar.

Bardurian le dio la espalda y se puso a mirar por el ventanal. No parecía hablarle a él, sino estar pensando en voz alta, recordando algo que había pasado mucho tiempo atrás.

—Hubo una vez un Zero al que trajeron a bordo

de *MADRE*. Él tampoco había pedido formar parte de esto, ni quería involucrarse en algo que lo superaba por completo.

—¿Y qué fue de él?

—Oh... aprendió que hay causas por las que merece la pena luchar.

—Ese Zero... ¿Decidió quedarse a bordo?

—Por supuesto, muchacho. Por supuesto. Salvo que él no tenía lugar adonde ir. Su planeta fue arrasado por la flota zarkiana a las pocas horas de que lo trajesen a bordo de *MADRE*.

—Nadie... ¿nadie más sobrevivió?

—Solo un pequeño corfin que llevaba en el bolsillo. Un pequeño corfin, sí.

Alex miró al profesor Bardurian, y después a la estantería, donde el pequeño insecto rojizo seguía observándole desde su jaula transparente, y comprendió al fin quién era ese Zero del que hablaba el anciano.

De pronto Bardurian le pareció aún más débil y marchito que antes, y sintió por él una enorme compasión, solo en un universo tan grande.

—Siento lo que le ocurrió a su planeta, profesor, pero...

Bardurian no respondió. Seguía de espaldas a él.

—... No soy lo bastante mayor, ni lo bastante fuerte —añadió Alex.

—Nadie lo es, muchacho. Nadie lo es.

—Yo... lo lamento. Este no es mi sitio. Yo solo quiero volver a casa.

Las palabras quedaron suspendidas en el aire entre los dos, visibles en aquel ambiente enrarecido. Alex se sintió mezquino y cobarde, pero aquella no era su guerra, ni lo que realmente quería hacer con su vida.

«¿Y qué es lo que quiero hacer, en realidad?», se preguntó.

No lo sabía. Pero su lugar estaba en la Tierra, esperando a que sus padres regresasen.

Bardurian volvió a hacer el mismo ruido extraño de antes, solo que esta vez a Alex no le quedó ninguna duda de que había sido un suspiro de melancolía.

—Que así sea, entonces. Vete —dio el anciano, sin volverse.

Alex sintió cómo le tiraban del pantalón. En el suelo había un puñado de chubis, agarrándole del pantalón y señalando hacia el esfetúnel, cuya puerta ya estaba abierta. Alex dio un paso hacia atrás a trompicones, y quiso decir algo, quiso arrepentirse, pero ya era demasiado tarde. Los chubis se impacientaban.

—Cinco dedos, sí, señor. El número adecuado. El número correcto —oyó a su espalda, antes de saltar de nuevo hacia la oscuridad.

LOS HAY EN TODAS PARTES

La transportesfera se abrió de nuevo y Alex apareció en el pasillo donde había estado antes con Blop, solo que el camloreano no aparecía por ninguna parte.

Alex le llamó en voz alta. Le habría gustado despedirse de él antes de volver a casa, pero no obtuvo respuesta.

Dudó unos instantes, pues no sabía hacia dónde ir, pero unos cuantos chubis se materializaron delante de él, saliendo de las paredes, y le hicieron señas para que los siguiese.

Alex comenzó a trotar tras ellos, intentando no perderlos de vista. Era increíble lo rápido que corrían, considerando lo cortas que tenían las patas. Parecían burlarse de él, mirando hacia atrás de vez en cuando y haciéndole burla, fingiendo que se sentaban a esperarle, o perdiéndose de vista a toda velocidad.

—Bichos repugnantes —gruñó Alex.

De pronto, al llegar a un tramo donde el pasillo se bifurcaba, se detuvo un instante a tomar aliento. Con las manos en las rodillas, tosiendo más que nunca, oyó la voz de Blop.

Y no estaba solo.

Alex se asomó por una esquina, y lo que vio le dejó sin aliento.

Un grupo de cadetes rodeaba a Blop, y no eran como nada de lo que hubiese visto hasta ahora.

Uno de ellos era una especie de enorme escarabajo. Grande para ser un escarabajo, pero más bajo incluso que Alex.

—Existen precedentes de desapariciones a bordo de la nave. No sería la primera vez —susurró el insectoide.

Otro era una especie de extraño felino. No parecía haber muchas luces en su único ojo. El otro lo tenía tapado por un parche.

—¿Qué son los precedentes, Klitizzil? —maulló el felino.

La tercera era una chica. Habría parecido casi humana de no ser por la ferocidad de su mirada. Y por tener el pelo verde y la piel de color magenta.

—Cállate, Hugucks. Lo que quiere decir es que podemos tirar a este desgraciado por una escotilla, y nadie se enterará de nada.

El más grande era tres veces del tamaño de Alex. Parecía un gigantesco gorila que caminase muy derecho. Llevaba un arma afilada a la espalda, algo que parecía un hacha. Emitía un gruñido amenazador e ininterrumpido.

—Grrrrrrrrrrrr...

El último era el que más miedo le dio a Alex. No era el más alto, ni el más extraño, ni el más fuerte. Tenía un par de cuernos, uno a cada lado de la cabeza, y un extraño y prominente hocico por el que escapaban un par de nubecillas de tóxico vapor verdoso. Un pelo de un rojo desvaído le cubría el cuerpo en las partes que el uniforme dejaba al descubierto. Pero lo que de verdad daba terror era la vileza y la obstinación que emitían sus ojos.

—Seeska, Ubo —ordenó el de los cuernos, dirigiéndose a la chica del pelo verde y al gigante—. Agarrad a

este flan apestoso. Vamos a ver qué tal resisten los camloreanos el vacío del espacio exterior.

—Con mucho gusto, Ragant —dijo Seeska.

Alex percibió todos aquellos detalles en décimas de segundo.

No sabía de dónde provenían, ni su planeta de origen. Pero supo instantáneamente quiénes eran.

«Matones.»

Porque si algo había descubierto hacía mucho tiempo era que había matones en todas partes.

—Venga, chicos, no es para tanto... —suplicó Blop, intentando retroceder ante el avance de Ubo y Seeska.

—¡¿Que no es para tanto?! —rugió Ragant—. Me has hecho perder el equilibrio, justo cuando estaba a punto de hacer el último derribo en el simulador. ¡Habría batido mi propio récord!

—Seguro que lo consigues la próxima vez —se defendió Blop.

—Claro. ¡Porque no estarás ahí para estropeármelo!

Le hizo un gesto a Ubo, quien agarró el aerodeslizador de Blop, mientras Seeska buscaba la forma de apagarlo. El camloreano intentó girar sobre sí mismo para impedirlo, pues sometido a la misma gravedad que los demás, su cuerpo se convertiría en un charco en el suelo y moriría en pocos segundos.

Manipuló a toda velocidad los controles, tratando de librarse.

Un gesto inútil. Ubo era demasiado fuerte.

Blop comenzó a gritar pidiendo auxilio.

NI LO BASTANTE MAYOR, NI LO BASTANTE FUERTE

Alex, aún camuflado detrás de la esquina, miró a su alrededor. Desde el otro lado del pasillo, los chubis le hacían gestos para que los siguiese. Ajenos a lo que estaba pasando, señalaban una nueva puerta de esfetúnel, seguramente la que lo llevaría hasta la nave que lo conduciría a casa.

Solo tenía que dar un par de pasos sin que lo vieran.

Ocupados como estaban con Blop, no se darían cuenta de nada.

«Abusones los hay en todas partes», pensó Alex.

«Un par de pasos.»

«No sirve de nada hacer frente a los matones, solo consigues que te peguen más.»

«Un par de pasos.»

Los chubis seguían llamando.

Blop seguía gritando.

Ya habían logrado agarrarlo.

«Ni siquiera es mi amigo. Solo es alguien a quien le han encargado que me haga de niñera, porque era demasiado torpe para su clase.»

Alex pensó en Laura, la chica del hámster. En cómo los abusones habían matado al pobre animal, pegándole la boca con pegamento de contacto extrafuerte. Él lo había visto venir, desde el instante en que ella había aparecido con aquella jaula bajo el brazo.

No había hecho nada.

No se podía hacer nada.

«No soy lo bastante mayor, ni lo bastante fuerte.»

Llevaba toda la vida soñando con serlo, con poder hacer frente a las personas como ellos. Los que insultaban, los que escupían, los que imponían la amenaza del número.

Pero no era lo bastante mayor.

Ni lo bastante fuerte.

Solo tenía que dar un par de pasos, y podría regresar a la Tierra, a casa.

Donde podría pelearse en callejones llenos de cubos de basura. Con matones como aquellos, por una manzana pocha.

Solo un par de pasos.

Dio el primero.

Dio el segundo.

Dio el tercero.

«Bueno, pues ya está», pensó. «Esto es todo lo que hacía falta.»

—Será mejor que dejéis en paz a mi amigo, hijos de *flink*.

Cinco cabezas (y un plato volador) se giraron al mismo tiempo hacia Alex Colt. Un niño canijo y delgado, apenas capaz de levantar un bote de garbanzos del suelo, haciendo frente a cinco peligrosos alienígenas. Un niño que había huido siempre.

Y que había decidido no hacerlo nunca más.

—No puedo creer...

—A quién llamas tú...

—Voy a darte una...

—Grrrrrrrrrrrrrrr...

Los matones se habían puesto a hablar todos a la vez, con la excepción de Ragant, que hizo callar a sus lacayos con un rugido.

—¡Basta! ¿De dónde ha salido este *flink*?

—No te importa —respondió Alex.

Ragant le echó un vistazo de arriba abajo; quería descubrir si Alex representaba alguna clase de amenaza. Sus ojos estaban entrenados para reconocer los puntos débiles del enemigo y utilizarlos en combate.

No le costó demasiado descubrir cuáles eran los puntos débiles de Alex: todos.

—Eres un Zero —dijo.

—Eso dicen.

—Soy Ragant, el rigeliano.

Los de mi raza somos guerreros, entrenados para la guerra desde hace milenios. Este es Ubo, el moltiano, capaz de levantar diez veces su peso. Ella es Seeska, la an-

doriana, de una estirpe de piratas y contrabandistas. Él es Klitizzil, un insectoide con una inteligencia de categoría 5.

—Yo también estoy —dijo el felino.

—Ah, sí. Y ese es Hugucks. Es un subliano. No es ni listo ni fuerte, pero hace bulto.

—¡Hago bulto! —coreó Hugucks, contento de servir para algo.

—Y tú... Un Zero debilucho, sin modificaciones genéticas, sin armamento ni tecnología..., ¿crees que vas a poder hacernos frente? ¿A nosotros, que somos los mejores cadetes de esta chatarra voladora?

—No hables así de *MADRE* —dijo Blob. Pero Seeska lo golpeó con la mano abierta, y la masa gelatinosa de Blop se agitó de forma incontrolable.

—Podemos lanzar a dos al vacío, en vez de a uno —sugirió Ragant, que dio un paso hacia Alex y se inclinó hasta casi rozarle la cara con el hocico alargado.

El muchacho notó el aliento cálido del rigeliano. Aun así, no retrocedió.

—No lo vas a tener fácil —dijo, a pesar de que sabía que lo iban a tener muy muy fácil.

—Somos cinco contra dos, enano.

—Cinco contra tres —profirió una voz desde el final del pasillo por el que había aparecido Alex.

[17]

DE LO CONTRARIO...

Todos se volvieron hacia la voz.

En la tenue luz del pasillo se recortaba una figura delgada, con el uniforme de los cadetes de la nave. Alex tardó un rato en decidir si era una chica o un chico. Tenía grandes ojos de color naranja que contrastaban con su piel violácea, grandes orejas de duende y la cabeza calva excepto una coleta roja que parecía estar formada por serpientes diminutas. El aspecto de la recién llegada era frágil; apenas era más alta que Alex.

Hubo un instante de silencio y enseguida los cinco matones estallaron en carcajadas.

—¡Una tukxiana! ¿Qué vas a hacer, lanzarnos flores? —se burló Ragant.

—¿Recitarnos poemas hasta el aburrimiento? —rio Seeska.

—Grrrrrrrrrrrrrr —gruñó Ubo.

—¿Decirnos que somos malos? —zumbó Klitizzil.

Se produjo un silencio, y cuatro de los matones miraron a Hugucks, expectantes.

—¡Lo... lo que han dicho ellos!

La recién llegada sacudió la cabeza.

—Me llamo Tycho. Y no estoy tan indefensa como parece.

—¿Ah, no? ¿Y eso por qué?

—Porque está conmigo, pedazos de *flink*.

Una segunda figura apareció en el pasillo, y esta vez Alex no tuvo ninguna duda acerca de si era o no era una chica.

Sus ojos eran el triple de grandes que los de un humano y tenían dos pupilas, su pelo era verde, y su piel, de un azul verdoso desvaído, casi blanquecino.

Aun así era la chica más guapa que Alex había visto en su vida.

—Una antareana —escupió Seeska, con repugnancia—. Sabía que en esta nave olía a basura.

—Será tu sucio hedor de andoriana.

Seeska dio un paso al frente. Aunque Alex aún no lo sabía, la rivalidad entre Andor y Antares, planetas de sistemas vecinos, era legendaria. El odio entre las dos cadetes fluyó instantáneo, casi sólido.

—Ya es suficiente, Maia —advirtió Tycho—. Seguro que estos cadetes tienen cosas mejores que hacer que meterse con nosotros.

—La verdad es que no —admitió Hugucks.

—Cállate, Hugucks —ordenó Ragant—. Vamos a tirar al flan por una escotilla de lanzamiento para que no vuelva a interferir en mi puntuación. Y a vosotros —señaló a Alex y a las dos chicas—, no se os ocurra interponeros en mi camino, o de lo contrario...

Alex intentó protestar, pero Maia, la niña antareana, se le adelantó.

—O de lo contrario..., ¿qué?

Ragant soltó un resoplido a través de sus enormes fosas nasales y esbozó una sonrisa cruel.

—De lo contrario, yo...

Ragant miró por encima del hombro de Maia y la expresión amenazadora se le congeló en el rostro.

—... yo...

Los otros matones siguieron la dirección de la mirada de Ragant y se dieron la vuelta, corriendo, con la excepción de Ubo, que miró a su jefe.

—Yo... he decidido dejaros vivir esta vez.

Ragant le hizo una seña a Ubo, que soltó a regañadientes a Blop. Luego ambos retrocedieron sin darles la espalda, intentando esconder su miedo, hasta la esquina contraria, por donde desaparecieron a toda prisa.

—¡Eso! ¡Largaos, cobardes! —gritó Maia.

—Creo que no huían de nosotros —la corrigió Blop, y señaló detrás de ella, aterrorizado.

[18]

EL LEMA DE LA CONFEDERACIÓN

Todos se dieron la vuelta, y Alex se quedó boquiabierto al ver que allí había un ser diminuto, más bajito aún que él. De grandes y dulces ojos negros y cubierto de suave pelo azulado, era lo más parecido a un peluche viviente que Alex había visto en su vida.

—Un mulkachiano —dijo Blop.

—¿Cómo le han dejado entrar? ¿No saben lo que... son capaces de hacer? —preguntó Maia, y retrocedió.

Alex miró incrédulo a los otros cadetes. No entendía el miedo que se adivinaba en sus voces.

—¿Qué es lo que pasa?

—¿Es que no sabes nada? —preguntó Maia—. ¡Es un mulkachiano!

—No sabe nada. Es un Zero —dijo Blop, que voló hasta colocarse detrás de la antareana.

—Pues no te acerques a esa... cosa... Muy muy peligrosa. Tú, mucho daño si tú tocas cosa —advirtió Maia.

—Los mulkachianos viven en un planeta helado —explicó Blop—, repleto de los depredadores más terribles que se conocen en la Región Central. Y están en lo más alto de la cadena alimentaria.

—¡Pero si es adorable! —objetó Alex.

—Cuando se enfadan... pasan cosas. Cosas que no quieres saber.

—Se transforman.

—En monstruos enormes.

—Capaces de arrasarlo todo.

—No os preocupéis, chicos. No hace nada —se rio Tycho, y avanzó hacia el recién llegado.

Alargó una mano hacia él. Blop y Maia le gritaron que no lo hiciera, pero Tycho les hizo caso omiso. Comenzó a rascarlo por detrás de la cabeza, y al cabo de un instante el mulkachiano emitió unos suaves murmullos de felicidad.

—¿Veis? Es pacífico, y apenas es una cría. Mientras

no os metáis con él, no tenéis nada que temer. Por cierto, se llama Havee.

—¿Cómo lo sabes? Los mulkachianos son mudos —preguntó Maia.

—En realidad —explicó Blop, levantando un dedo gelatinoso—, los mulkachianos no hablan nunca con nadie que no sea de su raza. Pero puedes entendernos, ¿verdad?

El mulkachiano asintió con la cabeza.

—¿Y cómo sabes su nombre, Tycho?

—Simplemente lo sé. Es lo que hacemos los tukxianos. Podemos comprender a todo el mundo. Somos una raza pacífica, porque estamos llenos de empatía. Podemos dominar cualquier forma de comunicación en cuestión de minutos, incluso sin el chip transcerebral.

—¿Te ha dicho qué está haciendo aquí?

Tycho miró a Havee, y ambos parecieron conversar durante unos segundos, aunque ninguno de los dos dijo ni una sola palabra.

—Lleva aquí desde el comienzo de curso, pero no ha salido de su camarote porque tenía miedo. También es su primer año. Hoy se ha animado a explorar la nave por primera vez y nos ha encontrado.

—¿Eres un Zero? Tú ser el que llegar hoy, ¿no? —intervino Maia, sin tenerlas todas consigo acerca de que Havee no fuese una amenaza.

—Sí.

Maia le echó un buen vistazo.

—Nunca hablar con un Zero. ¿Tu cultura tener palabra escrita? ¿Conocer fuego?

Alex se sintió ofendido.

—Claro que conocemos el fuego. Y los coches, y los aviones, hemos llegado a la Luna, y todo nuestro mundo está conectado por internet. No hace falta que te dirijas a mí como si fuese idiota.

Maia se volvió hacia Blop.

—Motores de combustión y mínimas capacidades de vuelo interplanetario.

—Son prácticamente salvajes, lo sé.

—¿Qué está haciendo aquí?

—No tengo ni idea. *MADRE* lo ha traído. Me encargaron que se lo enviase a Bardurian, y luego, que lo llevase al vestuario para que le dieran un uniforme.

—Un Zero, ¿cadete espacial?

Maia sacudió la cabeza, incrédula.

—Eso parece —dijo Blop.

—No seáis *flink* —les reprochó Tycho—. ¿Tengo que recordaros el lema de la Confederación?

Y entonces Maia, Tycho y Blop pronunciaron a coro una frase. Incluso Havee asintió con la cabeza mientras la recitaban.

Toda vida es valiosa.
Toda vida puede ser imprescindible.

—Tienes razón —reconoció Maia, algo avergonzada—. Puede que no muchas razas crean todavía en ello, pero fue un antareano quien escribió esas palabras hace millones de años. Pero no parece gran cosa —concluyó, señalando a Alex.

—Si *MADRE* lo ha elegido, por algo será —dijo Tycho.

«En realidad —pensó Alex—, yo ya me iba. Iba a subir a una nave que estaba a punto de devolverme a la Tierra, lejos de toda esta locura.»

En el pasillo transversal, los chubis habían vuelto a aparecer, y le hacían señas de nuevo para que los siguiese.

Para que los siguiese a un mundo donde tendría que

pelear de nuevo por la comida y por el espacio. Y donde tendría que volver a correr delante de matones.

Pero en la Tierra los matones no eran monstruos de enormes garras, no tenían cuernos y antenas, ni llevaban hachas o pertenecían a terribles razas de piratas y guerreros.

—Decidme una cosa... ¿Os conocíais?

Maia negó con la cabeza.

—Yo ya había hablado un par de veces con Tycho, y a Blop lo he visto por primera vez hoy en la clase de MultiCom. Por cierto, he visto cómo le estropeabas la puntuación a Ragant.

—Ya lo sé —admitió Blop—. Soy un manta. Mi raza es todo cerebro. Por cierto, no sé quién ha conseguido superar su récord.

—Ha sido Maia —respondió Tycho—. Ha destruido tres holoandroides más que él. No sabía que los antareanos fuerais tan buenos tiradores. ¿Habías recibido entrenamiento antes?

Maia se ruborizó, lo cual, en su caso, quiere decir que su cara se volvió de un color azul mucho más intenso.

—No quiero hablar de eso. Pero... es asombroso

cómo te has comunicado con Havee —respondió, intentando cambiar de tema de forma poco sutil.

El mulkachiano se había cogido de la mano de Tycho con una pata, mientras se lamía la otra con la lengua.

—No sé cómo ha llegado hasta aquí, ni por qué nos hemos juntado todos en este corredor, cuando deberíamos estar preparándonos para la siguiente clase. Pero él está seguro de que ha ocurrido por una razón. Y yo también.

—¿Cómo puedes saberlo?

Tycho se encogió de hombros.

—No lo sé —contestó la tuxiana—. Me lo dice el corazón. Es así como funcionan las cosas en mi mundo.

—Será mejor que nos pongamos en marcha, Alex. Hace rato que todos tendríamos que estar en clase de astronavegación —dijo Blop.

—Verás, acerca de eso... He estado hablando con Bardurian.

—¿Y qué te ha dicho? —preguntó Blop curioso.

«Me ha dado permiso para volver a casa», pensó Alex. Pero no lo dijo.

En lugar de ello miró a los cuatro, y de nuevo a los chubis que seguían llamándolo impacientes.

Para subirlo a una nave que lo llevaría a su mundo, donde tendría que pelear de nuevo por la comida y por el espacio. Y donde tendría que volver a correr delante de matones, sin nadie que se preocupase por él.

Un mundo donde los matones no tenían ni cuernos ni hachas, pero donde tampoco había futuro. Y donde, desde luego, las cosas no ocurrían por alguna razón.

—¿Qué te ha dicho Bardurian, Alex?

«Que puedo irme.

»Que puedo alejarme de todos estos alienígenas chiflados.

»Que puedo evitar participar en una guerra.

»Que puedo vivir en paz.

»Que puedo regresar para volver a esconderme en callejones.

»Sin familia.

»Sin futuro.

»Sin amigos.»

Hizo una seña a los chubis, negando con la cabeza. Después se volvió para responder a la pregunta de Blop.

—Que será mejor que me consigas un uniforme de mi talla.

SEGUNDA PARTE

CADETE ESPACIAL COLT

MANTENTE LEJOS DE UN MULKACHIANO ENFADADO...

Lo primero que deberías aprender en una clase de MultiCom es a mantenerte lejos de un mulkachiano enfadado.

Pasaron cincuenta ciclos hasta que Alex vio de lo que era capaz Havee cuando se enfadaba.

Y fue absolutamente aterrador.

Pensándolo bien, aquello fue la causa de lo que ocurrió después, de lo que cambiaría la historia de Alex y, finalmente, de todo el Universo Conocido.

Aquello fue lo que lo cambió todo.

Aunque nos estamos adelantando. Quizá deberíamos contar antes qué sucedió durante esos cincuenta ciclos...

Cincuenta ciclos son más o menos cincuenta días. Son cincuenta días antareanos, pero ten en cuenta que el planeta Antares, que es la capital de la Confederación, tarda treinta horas en dar la vuelta sobre su eje, en lugar de veinticuatro, como en la Tierra.

Es un lío, lo sé. Si quieres saber cuántos días pasaron de verdad, tendrías que resolver esto.

$$\frac{(30 \text{ x } 50)}{24}$$

Pero... ¿quién quiere hacer matemáticas ahora?

Dejémoslo en que pasaron muchos días, y muchas cosas ocurrieron en esos cincuenta ciclos.

Algunas importantes, claro. Aunque ninguna *tan* importante como lo que ocurrió después.

Te haré un resumen rápido.

Ciclo 1

Alex visitó la sala de vestuario para que los chubis le hicieran un uniforme.

Ciclo 1

Blop le enseñó a Alex el lugar que le correspondía para dormir, un cilindro que se abría en la pared, tan estrecho e incómodo que le hizo añorar el armario en el que dormía en la casa de acogida.

Ciclo 2

Alex terminó en la enfermería aquella primera noche, aquejado por unas fiebres altísimas causadas por la modificación genética del chip transcerebral. Por más que se afanaron con él, ni los chubis ni la oficial médica de la nave consiguieron que se recuperase.

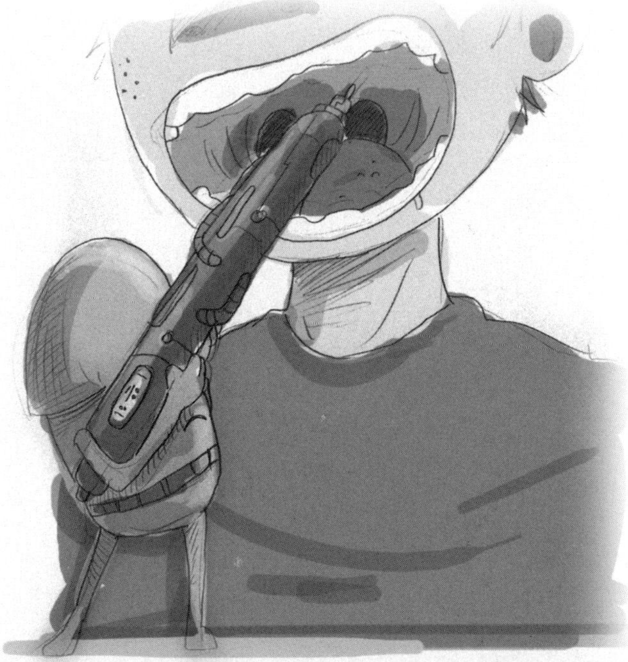

Ciclos 3 a 7

La fiebre no cedió. Alex estuvo a punto de morir.

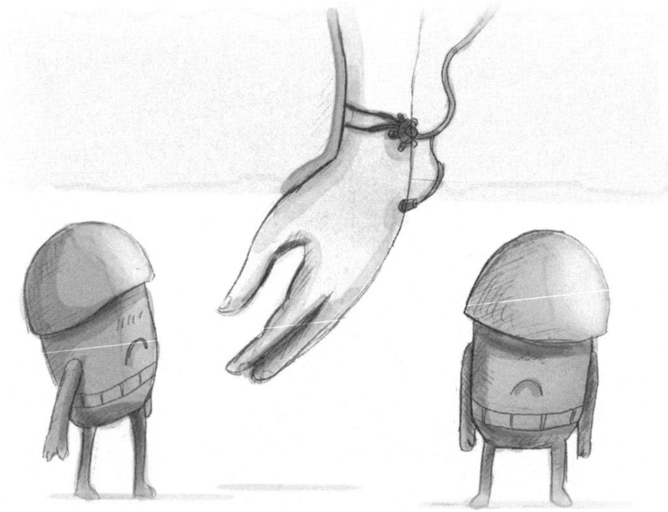

Ciclo 8

Una mañana, Alex se despertó completamente recuperado.

La fiebre había desaparecido, y en su lugar apareció Blop.

—No me han dejado entrar a verte en ningún momento. Les aterraba que tuvieses algo peligroso.

—No recuerdo nada... Es como si hubiese estado durmiendo todo este tiempo —dijo Alex—. ¿Qué me pasaba?

—No saben lo que tenías, Alex.

—¿Y eso es raro?

—Muy raro —respondió Blop, y le lanzó a Alex una mirada extraña—. Ven, vamos con los demás.

Ciclo 8

Alex siguió a Blop hasta su primera clase, astronavegación, con la profesora K'Seea. Al entrar en el aula se dio cuenta de que, por mucho que se encontrase a bordo de una nave espacial, una escuela era una escuela.

Aunque fueran de múltiples formas para acomodar a razas muy diferentes, los pupitres eran pupitres.

Aunque la pizarra estuviese hecha de luz pura, una pizarra era una pizarra.

Aunque la profesora fuese un pez

(bueno, tres peces con una única conciencia compartida que flotaban en una pecera sostenida por una estructura robótica tapada por una túnica),
los profesores eran profesores.

Y aunque hablasen de cómo viajar sobre el espacio, las clases eran clases.

El muchacho se sintió perdido ante la avalancha de conocimientos que todos sus compañeros —unos sesenta, solo en aquella clase— tenían y de los que él carecía. La profesora no hizo ningún esfuerzo por ayudar a Alex, que pasó más de dos horas sentado en su pupitre intentando entender frases como:

—El Universo es como una ENORME espiral. En realidad no lo es, pero es la única manera en la que las mentes de nivel intelectual CUESTIONABLE pueden acercarse a comprender su naturaleza.

Alex se quedó asombrado al ver el esquema del Universo que la profesora mostró en la pizarra holográfica. Nunca se habría imaginado que el Universo tuviese una

forma concreta. Sabía que era grande, pero nunca había pensado que la inmensidad tuviese límites.

—Los filamentos más delgados que muestra el esquema son AGUJEROS DE GUSANO, los pasadizos que permiten el viaje entre galaxias a naves que, como *MADRE*, están equipadas con un MOTOR INTERDIMENSIONAL.

—¿Por qué grita una palabra de cada cinco? —le susurró Alex a Blop, que se había colocado a su lado.

—Chisss, calla, que me distraes.

—Creo que es para que no nos durmamos —dijo Maia, que estaba al otro lado.

—Parece que ALGUNOS cadetes no han comprendido aún que en MI CLASE no se habla —dijo la profesora K'Seea—. Usted, el nuevo, póngase EN PIE.

Alex se incorporó, muerto de vergüenza.

—¿Cómo se llama USTED?

—Colt, señora. Alex Colt.

—¿Y le importaría compartir lo que estaba diciendo con EL RESTO DE LA CLASE?

Alex, ruborizado, no supo qué responder. No creía que contar que se estaba quejando de la manera de hablar de la profesora fuese a ayudarlo mucho. Los demás cadetes se empezaron a reír.

—Yo... eh...

Alex miró a Blop, pero el camloreano parecía igual de aterrorizado que él.

De pronto, Tycho se puso en pie.

—El cadete Colt preguntaba qué es lo que hay en los espacios vacíos entre los agujeros de gusano, profesora.

K'Seea pareció sorprenderse al escuchar aquello.

—¿Es eso cierto, CADETE?

Alex asintió.

—Sí, profesora.

—Una EXCELENTE pregunta viniendo de un Zero. ¿Está seguro de que es CIERTO, cadete?

Alex asintió aún con más fuerza.

—Por supuesto. Estoy deseando saber qué es lo que hay en los espacios vacíos entre los agujeros de gusano, profesora.

K'Seea dudó un momento, pero al final hizo un gesto con su brazo robótico.

—Siéntese.

Alex, suspirando de alivio, le dedicó una mirada de agradecimiento a Tycho.

—La RESPUESTA de qué hay más allá del Universo ha tenido en jaque a los científicos de la Confederación desde hace MILES de años. Hemos logrado determinar la FORMA del Universo, descubrir que es una ESPIRAL que se repliega sobre sí misma. Lo que hay más allá es la pregunta DEFINITIVA. Unos dicen que materia oscura; otros, que pura ENERGÍA.

—Quizá no haya nada —intervino un alumno por detrás de Alex.

—La NADA no existe, cadetes. Cuando una nave emplea su motor interdimensional para VIAJAR por un agujero de...

—Profesora, ¿es cierto que el motor interdimensional de *MADRE* está roto? —preguntó otro alumno.

K'Seea se detuvo a media frase, molesta porque la hubiesen interrumpido a mitad de su discurso.

—Cadetes, como saben, el MOTOR de esta nave es el más antiguo que se CONOCE. Lo fabricaron los propios ETERNOS.

—Ya, pero ¿funciona o no funciona?

Alex reconoció la voz de Ragant, situado un par de filas detrás de él. Sintió un escalofrío al recordar lo que había pasado unos días antes. Ojalá no le hubiese tocado en la misma clase que él.

—La COMPLEJA ingeniería de un motor tan ANTIGUO es...

—Vamos, que no funciona —dijo Ragant.

Un murmullo se extendió por toda la clase.

—Puedo ASEGURARLES que los EXPERTOS...

—¿Tienen idea de lo que pasará si aparece de pronto un *flink* escuadrón zarkiano, con nosotros aquí varados, como unos *flink*?

—¡Cadete RAGANT! —se escandalizó K'Seea—. Modere su vocabulario. ¿Acaso no sabe que...?

—Nos harán pedazos. Eso es lo que pasará.

Los tres peces que flotaban en la pecera que formaba el rostro de la profesora empezaron a dar vueltas como locos en el líquido verdoso. Con un gesto, K'Seea apagó la pizarra virtual.

—La clase ha terminado.

Ciclo 8

En la enfermería, Alex se había estado alimentando a base de repulsivos batidos líquidos de proteínas. Vasos enormes de una sustancia marrón y desvaída, muy salada, llena de grumos. Era como beberse un vaso lleno de mocos.

Tan pronto como terminaron las clases, Alex hizo cola junto a sus amigos frente al mostrador de la cantina, donde un robot escaneaba la chapa de identificación de cada cadete y le servía una comida específica para su raza. Alex, que estaba muerto de hambre y deseando tomar algo sólido después de tantos días a base de batidos, miró ilusionado la bandeja que le tendía el robot para ver qué clase de comida tomaban los cadetes en el día a día.

Exactamente la misma: un vaso lleno de mocos.

—Está adaptada a tu biología, Alex. Te mantendrá en pie y lleno de fuerza durante muchas horas —le dijo Maia, al ver su cara de asco.

—No debería quejarme —respondió Alex, con una

sonrisa—. Al menos, aquí nadie intenta quitarme la comida.

—No estés tan seguro —dijo Maia—. Con cada comida nos dan una galleta de VantriCao. Son deliciosas, pero muy escasas. Cuídala, aquí son muy valiosas.

—¿Una galleta? ¿Qué galleta? Aquí no hay ninguna galleta —dijo Alex señalando la bandeja.

Junto al vaso no había más que unas migas marrones.

Ambos se dieron la vuelta y vieron a Blop.

—¿Qué pasa? —preguntó este, fingiendo inocencia.

Unas migas marrones cayeron de su boca.

Ciclo 10

Alex y Maia se rieron después de clase.

Ciclo II

Alex y Maia discutieron después de clase.

Ciclo 14

Alex empezó a notar que el uniforme no le servía. Había crecido mucho en muy pocos días. Tuvo que ir a que le hiciesen uno nuevo.

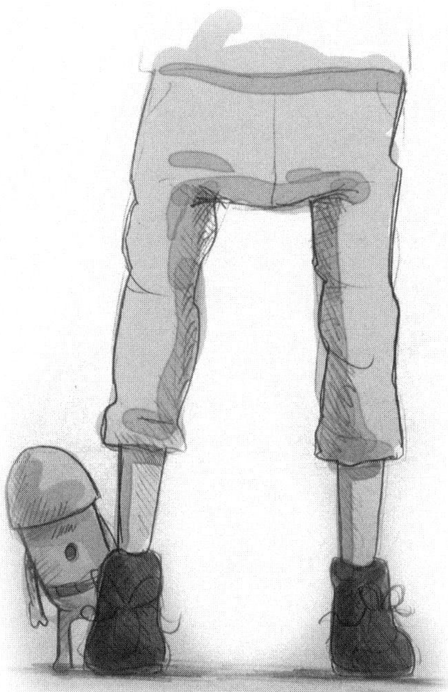

Ciclo 15

—¿Y cómo dices que se llama tu sistema solar, Alex? Al no estar cartografiado aún, tendré el honor de ser el primero que lo nombre.

—Sistema Solar.

—Eso, que cómo se llama tu sistema solar.

—Sistema Solar —insistió Alex.

—¡Que cómo se llama! ¿Se te ha roto el chip transcerebral? —preguntó Blop, dándole un par de golpecitos en la frente.

—Nuestro sistema solar se llama Sistema Solar, Blop.

El camloreano se quedó boquiabierto.

—Eso es ridículo. Sería como si a vuestro planeta lo llamarais... Planeta.

—Yo qué sé. Es el nombre que tiene. La gente les pone nombres raros a las cosas. Hay un animal en mi planeta en un territorio que se llama Australia. Cuando los exploradores preguntaron a los nativos que cómo se llamaba, estos respondieron «canguro». Resulta que, en el idioma de los nativos, canguro significa «¿Quién es este idiota que no sabe lo que es eso?».

Blop escuchó toda la historia meneando la cabeza, como si le costase asimilar tanta estupidez.

—Bueno, como soy el primero que entró en contacto con un nativo, y estos no parecen tener una inteligencia demasiado elevada, la Ley Interestelar me da derecho a nombrar al sistema como considere oportuno. Un nombre poderoso, con gancho.

Tecleó en su tableta y le mostró el resultado a Alex.

—Ya le he puesto nombre. Sistema Blop. ¿Qué te parece?

Ciclo 16

Alex procuraba evitar en lo posible a Ragant y a sus matones. Cuando se los encontraba en clase, estos le dirigían miradas amenazadoras.

En una ocasión, Ragant le puso la zancadilla en la cola de la cantina, y el batido de Alex se derramó por el suelo.

—Ya te cogeremos a solas, Zero —bufó Ragant, mientras se agachaba y le robaba la galleta de VantriCao—. Es cuestión de tiempo. Y tu amigo el mulkachiano ya no anda por aquí...

Se marcharon riéndose. El estómago de Alex rugió mientras contemplaba impotente cómo el batido desaparecía entre las juntas de metal del suelo, y la galleta entre las fauces de Ragant.

—Ánimo, Alex. Toma mi galleta, si quieres —le dijo Blop—. Apenas la he tocado.

Maia y Tycho miraron a Blop con cara de asombro. Aquello era inaudito.

Sorprendido y agradecido, Alex le dio un bocado a la

galleta que le tendía el camloreano. Estaba húmeda y sabía a rayos.

—Bueno, quizá la he chupado un poco.

—No importa —dijo Alex.

Tenía tanta hambre que hasta lamentaba la desaparición del batido.

—Ese Ragant te la tiene jurada, Alex —observó Maia.

—Será mejor que te mantengas todo lo alejado de ellos que puedas —le avisó Tycho—. Sobre todo mientras Havee no esté cerca.

—Llevo mucho tiempo sin verlo.

—Desde el día en que llegaste a *MADRE*. El día en que nos conocimos.

—¿Dónde se habrá metido?

Ciclo 19

Alex y Tycho hicieron una práctica de estrategia juntos. Tycho era tan empática que no era capaz por sí sola de planear acciones agresivas contra los enemigos a los que se refería el trabajo. Los tukxianos eran así, y por eso solían ser excelentes diplomáticos y traductores.

—No entiendo por qué nos tenemos que enfadar con ellos. ¿No podemos ser amigos?

Alex se rio, complacido en secreto de que hubiese alguien tan puro de corazón, y la ayudó a terminar el trabajo.

Ciclo 21

La clase de bioformas, con la profesora Banxyn, era una de las favoritas de Tycho. Le encantaba conocer todas las maneras en que la vida inteligente podía manifestarse.

¡Millones!

A Alex también le gustaba, pues le fascinaba toda aquella diversidad. Aún no se había acostumbrado a la idea de que los humanos somos una raza insignificante, apenas una gota en un inmenso océano.

Aunque muchas veces se mostraba impaciente, lo que deseaba en realidad era que lo dejasen subirse a una nave.

—¿Qué sentido tiene que nos entrenen para ser pilotos si no nos enseñan?

—Nunca dejan a los cadetes de primer año acercarse a las naves de prácticas, Alex.

Los cuatro pasaban a diario por delante de los enormes portones que llevaban a los hangares de entrenamiento, donde tenían estrictamente prohibida la entrada.

—Y menos a los que son tan torpes como yo —dijo Blop, quien odiaba la clase de bioformas.

Todas aquellas especies distintas, llenas de músculos, dientes y espinas, solo eran para el pobre camloreano recordatorios de lo indefenso que estaba un ser como él, que era puro cerebro con forma de pudín rosa.

—Callaos los dos y dejadme escuchar —susurró Tycho.

—... lo cual nos lleva a una forma de vida de la que probablemente habrán oído hablar.

Las patas de cangrejo de la profesora Banxyn arrancaron sonidos metálicos del suelo mientras se acercaba a la pizarra y la encendía.

—Una entidad metamórfica de mente compartida y fragmentada, la única que se conoce de entre todas las razas del Universo. En otras palabras...

Hubo un murmullo de miedo cuando la imagen apareció en la pantalla.

—... un zarkiano.

Los cadetes retrocedieron en sus pupitres, horrorizados. Blop emitió un suspiro ahogado. Tycho se echó a llorar. Incluso Maia acusó el impacto.

Alex se inclinó un poco hacia adelante.

—Nuestros enemigos ancestrales. Como sabrán, los zarkianos no son sino fragmentos. Pequeños fragmentos del Zark, la gran masa protoplásmica que, según creemos, fue la primera conciencia viva del Universo.

—¿Es ese su aspecto real, profesora Banxyn? —preguntó Maia.

—No lo sabemos a ciencia cierta. Es una de las formas en que se le ha visto alguna vez, pero ni siquiera es una imagen fiable. Más bien se trata de una reconstrucción realizada a partir de los relatos de testigos.

—¿Nunca se ha capturado a ninguno vivo?

—Jamás. Los zarkianos se autodestruyen si sospechan que pueden caer en manos de la Confederación. Y cuando mueren, se convierten en una especie de masa informe, prácticamente inútil.

—Entonces... ¿es verdad que pueden transformarse en otras especies?

—Los zarkianos son capaces de asumir el aspecto de cualquier ser vivo cuya masa no sea mayor que la suya propia. Al hacerlo asumen las propiedades físicas de la especie que están imitando, con sus características y sus debilidades. Por suerte, ya que en su forma original un zarkiano es casi imposible de matar. Habría que acertar en su centro neurálgico, la pequeña célula de información que forma su cerebro, y les aseguro que es extraordinariamente difícil.

Ragant carraspeó y empezó a hablar, como siempre, sin levantar la mano.

—Así que... mientras tienen otra forma inferior, como la de un subliano, por ejemplo...

—¡Eh! —protestó Hugucks.

—¿... se los podría aniquilar como si fuesen de esa especie?

—Pese a su cruda forma de expresarlo, así es, cadete Ragant.

—¿Y qué pasa cuando mueren?

—Como he dicho, se transforman en una informe masa de color amarillo.

—Así que no sabríamos si hemos acertado a matar a un zarkiano transformado hasta que esté muerto —dijo Maia—. ¿Y si nos equivocamos?

—Con algunas no se perdería mucho —intervino Seeska, lanzando una mirada de odio a Maia.

—¡Silencio! Ese es el problema. Los zarkianos pueden acercarse a nosotros bajo cualquier forma.

—¿No se puede dialogar con ellos? —preguntó Tycho—. Intentar llegar a un acuerdo, alcanzar la paz...

—Claro que no, idiota —se burló Seeska.

—Los andoreanos no sois mucho más receptivos —dijo Maia.

—Ven aquí y te enseñaré cómo dialogamos con los antareanos, *flink*.

Maia fue a ponerse en pie, pero Alex tiró de ella hacia atrás, para evitar que hiciese una tontería.

—¡Basta! —gritó la profesora Banxyn—. No pienso repetirlo. Guárdense toda esta agresividad para las clases de MultiCom. Aquí están para aprender, para entender.

—No hay mucho que aprender de los zarkianos, parece —terció Ragant.

—Es verdad —respondió la profesora—. No sabemos gran cosa de los zarkianos, a pesar de los milenios que llevamos en guerra con ellos. Hay rumores, leyendas sobre ellos y los Eternos. Y muchas muchas estupideces. No hagan caso a todo lo que oigan, cadetes.

Alex respiró hondo. Sospechaba que la profesora Banxyn pretendía decirles algo con aquello, pero no estaba seguro de que hubiese servido para lo que ella quería.

Y, considerando las miradas que los cadetes intercambiaban, para lo que no había servido era para tranquilizarlos. En absoluto.

Ciclo 24

Una noche, Alex se dirigía, agotado, a su cilindro de sueño, cuando vio a Havee a lo lejos, doblando la esquina de un pasillo.

—¡Havee!

Alex fue corriendo hasta el pasillo en su busca, pero Havee había desaparecido.

—¿Adónde irá?

Aquel mulkachiano era un misterio.

Ciclo 27

—No lo entiendo —dijo Alex, meneando la cabeza, después de una clase de unihistoria que lo había dejado con más preguntas que respuestas—. Si los Eternos construyeron a *MADRE*, ¿por qué no hay más naves como esta?

—Nadie sabe cómo construirlas. Los Eternos construyeron a *MADRE* hace muchos miles de años, antes de entregársela a la Confederación. La tecnología necesaria para ello se ha perdido, junto con los Eternos —respondió Blop, sin levantar la cabeza de la tableta de cristal en la que hacía los deberes.

—¿Y qué fue de ellos?

—Es un misterio. Los Eternos fueron los primeros en encontrarse con el Zark. Hay quien dice que ellos fueron los creadores y los impulsores de todas las formas de vida inteligente originales.

—¿Quieres decir que viajaron por el Universo... llevando especies inteligentes?

—O adaptándolas a su entorno específico. No lo

sabemos, son solo rumores, teorías. Algunas especies inteligentes surgieron por sí solas, como la mía —dijo Blop, con orgullo—. Hay quien dice que muchas otras fueron creadas por los Eternos, empleando los materiales que iban encontrando en los distintos planetas o implantando en ellos la semilla de la vida.

Para Alex, todo aquello tenía sentido. Quizá por eso casi todas las especies inteligentes a bordo de *MADRE* tenían unas características similares: caminaban erguidos y tenían extremidades superiores que usaban para manipular herramientas, e incluso pulgares oponibles.

Las manos de los demás cadetes eran lo que más sorprendía a Alex. Muchos de ellos tenían manos muy parecidas a la suya. Con cinco dedos, exactamente.

Ni cuatro, ni seis.

Cinco.

La propia Maia podría pasar por humana si su piel no tuviera aquel extraño tono verdoso y desvaído, casi blanquecino. Si los Eternos habían colaborado para expandir la vida inteligente por el Universo hacía muchos miles de años, también podían haber cometido un error.

—Quizá ellos crearon también al Zark.

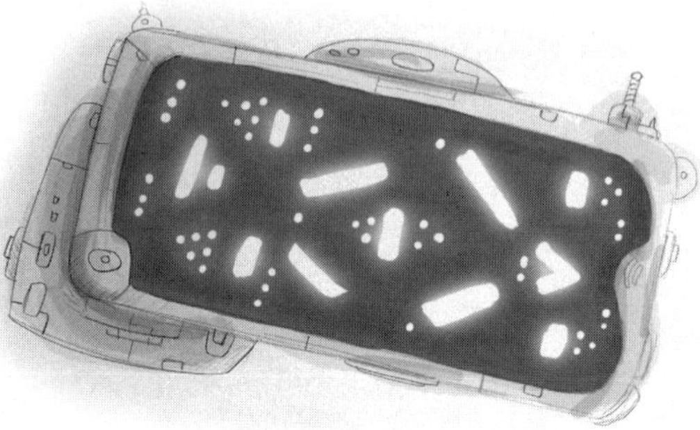

Blop asintió con un gesto.

—Es posible.

No parecía que la cosa hubiese salido demasiado bien. Tal y como les habían explicado en unihistoria, el Zark había destruido la galaxia original de los Eternos. No solo un planeta, sino el sistema interestelar completo, creando un agujero negro artificial que había absorbido y destruido todos los cuerpos celestes en varios años luz a la redonda. Toda la clase había emitido a la vez un gemido de consternación al escuchar aquello.

—¿Podría volver a ocurrir? —había preguntado un cadete—. ¿Podrían los zarkianos volver a usar un agujero negro para destruir una galaxia?

—NO LO SABEMOS —había respondido K'Seea, que era la encargada de impartir unihHistoria aquel día. Se suponía que aquella clase le correspondía al profesor

Bardurian, pero este no aparecía nunca, y dejaba que el resto de los profesores fuesen cubriendo su ausencia—. Los ZARKIANOS usaron una tecnología ya PERDIDA. Quizá solo pudiese emplearse UNA VEZ. Quizá RENUNCIEN a usarla, pues su uso implica DESTRUIR los recursos naturales que los zarkianos tanto ANHELAN.

—Quizá esperen al momento adecuado. Es lo que yo haría —susurró Ragant, aunque todos lo oyeron.

—Los CIENTÍFICOS de la Confederación trabajan para impedir que una TRAGEDIA como esta vuelva a ocurrir. Las últimas investigaciones dicen que haría falta MATERIA OSCURA en cantidades inimaginables.

La materia oscura era el escasísimo combustible de los motores interdimensionales. Un solo gramo era tan valioso como todas las riquezas de un planeta entero.

Alex se revolvió, incómodo, en el suelo. No dejaba de pensar en lo que había escuchado en la clase. Al salir se habían refugiado a estudiar en una de las holobibliotecas, a salvo de una aparición inesperada de los matones de la clase. Ragant y sus secuaces morirían antes que ser vistos entrando en una holobiblioteca.

Por desgracia, la tranquilidad tenía un precio: no había ningún sitio donde sentarse.

—¿Y después desaparecieron?

—¿Quienes, Alex? —preguntó Blop, que seguía sin prestarle demasiada atención, pues estaba descargando información en su tableta de cristal. El indicador del lateral se había vuelto de color rojo, lo que señalaba que no quedaba más espacio en la memoria (que debía de tener el equivalente en información a miles de libros de texto humanos y el camloreano no terminaba de decidirse a borrar nada.

—Los Eternos.

—¿Cuándo?

—Después de crear a *MADRE*.

Blop apartó por fin la vista de la tableta, y emitió un ruido de fastidio.

—Los Eternos les entregaron esta nave a los cinco sistemas originales de la Confederación, junto con una advertencia de que el Zark se aproximaba. Después, nada. Nadie ha vuelto a verlos nunca más.

—¿Y desde entonces la Confederación ha estado luchando contra los zarkianos? ¿Sin saber cuáles eran las auténticas causas de esta guerra?

—No sé qué es lo que te preocupa tanto, Alex —comentó Maia, que estaba a la espalda de este.

El humano y el camloreano dieron un salto asustados. No la habían oído entrar.

—Creo que es importante saber cuál es el motivo de todo esto.

—El Zark quiere matarnos. Nosotros tenemos que impedírselo. Eso es todo —zanjó Maia, mientras acercaba su propia tableta al menú de la holobiblioteca.

Alex se rascó la cabeza pensativo. Aunque la Confederación considerase la guerra con los zarkianos una simple cuestión de supervivencia, el muchacho creía importante saber mucho más acerca de cómo había empezado todo.

—Quizá Alex tenga razón. Hay quien dice que los Eternos no desaparecieron del todo. Que los constructores de *MADRE* aún están aquí, escondidos.

Maia soltó una risotada sarcástica.

—¡Venga ya! ¿Hablas de la Cámara Alpha? ¿Ese lugar secreto en las entrañas de *MADRE* en el que los Eternos aguardan a algo que solo ellos saben qué es? Eso son solo *flink* para asustar a los jóvenes cadetes. Los Eternos perdieron la guerra y se extinguieron. Como nosotros nos extinguiremos si no somos lo bastante buenos como para patearles el culo a los zarkianos.

El camloreano le sacó la lengua a Maia aprovechando que esta le daba la espalda, y se volvió hacia Alex.

—Si quieres saber más, pregúntale a Bardurian —concluyó Blop—. Si consigues encontrarlo.

Ciclo 39

El uniforme de Alex se volvió a quedar pequeño.

En la nave no había espejos (era curioso que un diseño tan avanzado no reconociera las ventajas de una superficie reflectante), pero Alex lo sabía.

De algún modo, lo sabía.

Siempre había sido bajito y delgado, pero ahora ya tenía la estatura normal para un niño de su edad. Incluso era un poco más alto.

Sin embargo, Alex no se alegró, a pesar de que aquello era lo que había deseado toda su vida.

—¿Qué demonios me está pasando?

Ciclo 42

—Más de cuarenta ciclos sin movernos.

Aunque nadie (ni los profesores ni los mandos de la nave) decía nada en voz alta, los rumores entre los alumnos eran cada vez más frecuentes.

—Los chubis están alterados todo el tiempo.

—Yo he oído que los ingenieros están trabajando sin descanso para arreglar el motor interdimensional.

—Pero nadie sabe cómo funciona EXACTAMENTE.

—No puede ser el único motivo por el que no lo consiguen.

—Tiene que ser algo más.

Hasta que, al cabo de unos ciclos, los rumores comenzaron a cobrar forma.

—Dicen que los tubos de refrigeración han reventado esta noche.

—¡Pero si los cambiaron ayer!

Y, poco a poco, una terrible certeza comenzó a aflorar en las conversaciones susurradas de los cadetes.

Fue Tycho quien se lo dijo a Maia, a Blop y a Alex.

—¿Habéis oído? Alguien está saboteando el motor de *MADRE*.

—Tenemos un traidor a bordo —concluyó Maia.

—Pero... ¿quién? —preguntó Alex.

—Es obvio. Solo puede ser un zarkiano.

—Eso significa...

—Exacto. Que podría ser cualquiera. Incluso uno de nosotros.

Todos se lanzaron miradas suspicaces.

Ciclo 49

En los 49 ciclos anteriores al día en el que Havee le arrancó los brazos a Alex pasaron muchas cosas.

Alex recibió tres uniformes, se puso enfermo, se recuperó, se le asignó un lugar para dormir, intentó acostumbrarse a los repugnantes batidos de proteínas, creció de forma antinatural, asistió a clase, creció aún más y durante ese tiempo fue haciéndose poco a poco amigo de Maia, de Tycho y de Blop.

Ah, que no te había dicho lo de que Havee le arrancó los brazos a Alex.

Pues fue exactamente eso lo que sucedió.

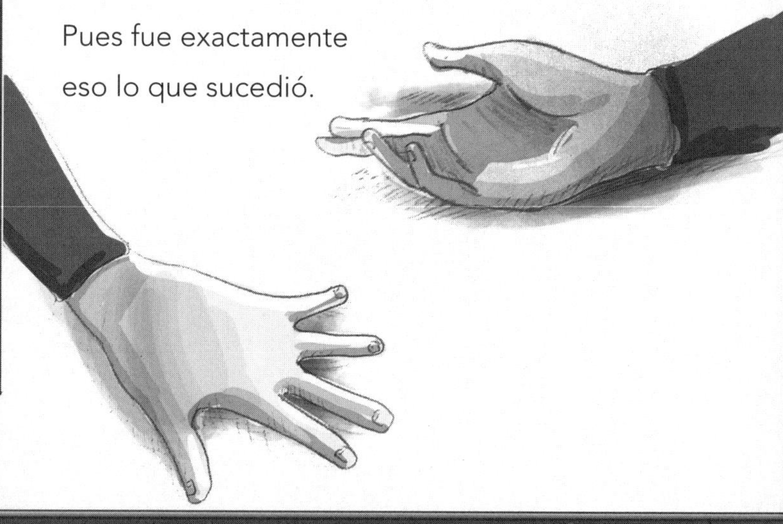

¿POR DÓNDE ÍBAMOS...?

Pues ya hemos llegado al ciclo 50. El momento en el que Alex vio de lo que era capaz Havee cuando se enfadaba.

Y fue absolutamente aterrador.

Aquello fue la causa de lo que ocurrió después, de lo que cambiaría la historia de Alex y, por último, de todo el Universo Conocido.

Aquello fue lo que lo cambió todo.

Y comenzó en una sencilla clase de MultiCom... que iba a tener un final trágico.

[3]

LA CLASE DE MULTICOM

—Dos hacia la izquierda. Una más. Vais demasiado lentos.

La voz sinuosa y sibilante del profesor Diviak resonó en la enorme sala de entrenamiento, mientras Alex intentaba recuperar el resuello. Llevaban media hora corriendo en un circuito de obstáculos, y el chico estaba agotado.

—¡Tú! ¡El último! Vuelve a empezar. Y como no lo acabessss en menos de treinta segundos, ¡estarás treinta ciclosss en servicio de limpieza!

El resto de los cadetes aceleraron el paso. Sobre todo Maia.

Al fin y al cabo, la clase de MultiCom era su favorita.

En ella se enseñaba a los alumnos cómo pelear contra una enorme variedad de enemigos.

Hacía falta alguien muy especial para encerrarse en una habitación blindada con cadetes armados de tantas razas distintas, de tantas formas distintas. Muchas de ellas (como andorianos y antareanos), enemigas entre sí. Ese alguien especial era el profesor Diviak.

Y por especial nos referimos a completamente loco.

—Da un miedo de muerte, ¿verdad? —preguntó Blop, y señaló a Diviak, que estaba al otro extremo de la sala.

—No especialmente —respondió Alex—. Odio, quizá. Apenas puedo respirar.

—Si no le tienes miedo es porque no lo conoces. Es un sisseliano. El sistema Sissel está especializado en mercenarios y asesinos que se distribuyen en gremios. El más misterioso y oscuro de los gremios es la Hermandad Negra.

—¿Asesinos a sueldo? —preguntó Alex, tragando saliva.

—Cuentan que alguien acudió a la Hermandad Negra con un contrato para asesinar a alguien muy importante. La Hermandad destinó a su asesino más terrible, un ser sin escrúpulos, absolutamente letal.

—Diviak.

—Exacto. El asesino tenía que infiltrarse en *MADRE* y acabar con el decano de los profesores.

—¿Con Bardurian? ¿Diviak debía matar a Bardurian?

—Sí..., pero no lo consiguió. Fue Bardurian quien lo derrotó.

Alex alzó las cejas asombrado. Le costaba imaginar a ese viejo minúsculo y sin brazos derrotando al letal Diviak.

—Dicen que Bardurian lo obligó a trabajar para él, desde entonces.

—¡¿Al tipo que intentaba matarlo?! ¿Y puede fiarse de él?

—Si le dio su palabra... Hay tres cosas que definen a un sisseliano: son los mejores asesinos del Universo, siempre cumplen sus promesas...

Blop se calló de pronto, y abrió los ojos como platos.

—¿Y la tercera? —preguntó Alex.

—La tercera es que somos especialmente silenciosos, cadete —siseó una voz a espaldas de Alex.

El muchacho se dio la vuelta y se encontró con el rostro reptiliano y amenazador de Diviak, que lo miraba fijamente con sus grandes ojos amarillos.

—Parece que tenemos dos cadetes aquí que se han tomado un descanssso...

—Solo estábamos tomándonos un respiro, profesor.

Diviak se acercó más a Alex. Sus párpados, dobles como los de una serpiente, se cerraron y se abrieron varias veces con un chasquido, y su lengua bífida asomó varias veces entre los dientes.

—¿Cuál esss la principal arma de un cadete espacial, Colt?

Alex se encogió de miedo. Había visto lo que Diviak les hacía a los que respondían mal a preguntas cuya respuesta solo él parecía conocer.

—¿El *zapper*, señor?

El *zapper* era como llamaban los cadetes al arma reglamentaria de los pilotos de la Confederación. Una especie de pistola de energía que a Alex le recordaba más bien a un secador y que se adaptaba automáticamente al cuerpo del cadete que la empuñaba.

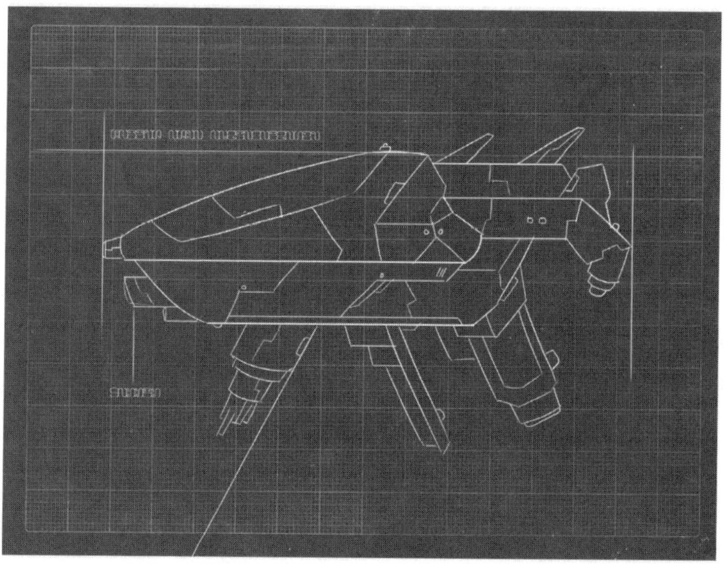

—¡Equivocado! ¡Muy muy equivocado!

Diviak abrió la boca para pronunciar el castigo, pero sus ojos volvieron a mirar a Alex y a parpadear a toda velocidad.

—Extraño... Muy extraño.

El muchacho sintió que aquellos fríos ojos amarillos escrutaban cada detalle de su cara. Las pupilas de Diviak se empequeñecieron, y dio un paso atrás.

La sala entera había contenido el aliento, esperando el estallido del profesor, pero este no llegó. La tensión, sin embargo, permanecía.

—La principal arma de un cadete es su inteligencia —siseó al fin Diviak con un tono calmado que los alumnos jamás habían oído. Y que en cierto modo era aún más aterrador—. De la que ustedesss parecen carecer. Si vuelvo a encontrarlosss haraganeando, se las verán conmigo. ¿Me han comprendido?

Alex y Blop asintieron, mirándose asombrados, sin poder creer lo afortunados que eran por haber escapado al castigo.

«¿Qué demonios acaba de ocurrir?»

—¡Atención, todos! ¡Prácticassss de tiro!

Las luces de la sala cambiaron ante la orden del profesor. La pista de obstáculos desapareció en el suelo, del que surgieron unos cajones repletos de *zappers*. Los cadetes hicieron cola ante ellos para coger el suyo, ansiosos por empezar. Había un premio para el que lograse abatir más blancos en cada sesión de entrenamiento.

Cuando le llegó el turno a Alex, sacó uno del cajón. Al tocar la empuñadura, el arma cambió de forma para adaptarse a su mano.

A bordo de *MADRE* estaba prohibido llevar el *zapper*, y los cadetes lo recibían solo cuando iban a practicar en clase de MultiCom. Después debían devolverlo. La versión que ellos usaban tenía baja potencia, para evitar que los accidentes fuesen MUY graves.

Aun así, siempre había algún cadete especialmente torpe que terminaba disparándose en el culo.

—Siempre termino disparándome en el *flink*.

—Tú no tienes *flink*, Blop.

—¿Se nota que estoy más delgado? Estoy intentando comer menos galletas de VantriCao.

Alex no tuvo tiempo de responder porque las últimas luces de la sala se apagaron. La única claridad provenía del perenne resplandor azulado de las paredes de *MADRE*.

—Comenzar ssssssimulación —siseó Diviak.

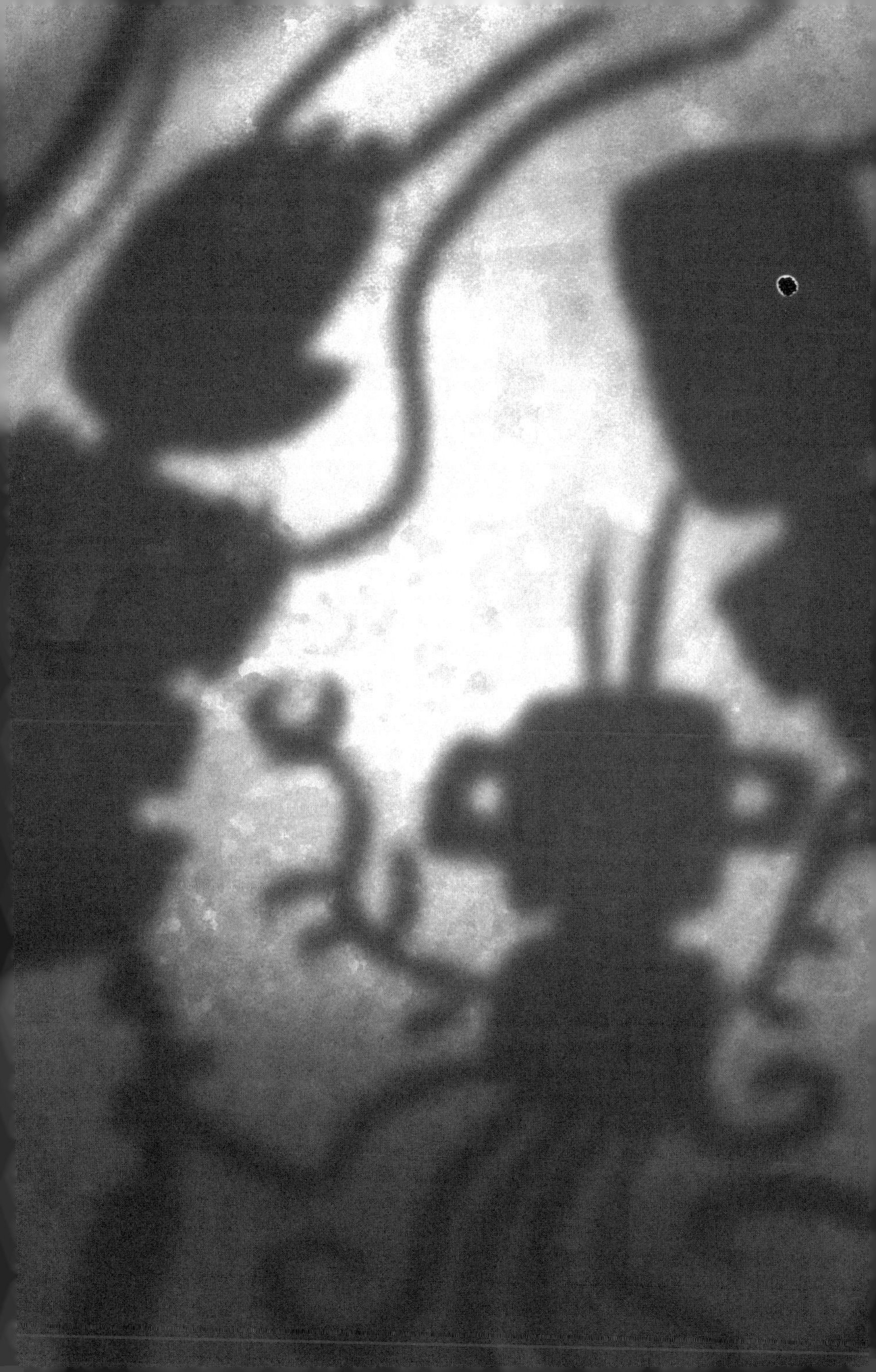

EN SERIO. MANTENTE LEJOS DE UN MULKACHIANO ENFADADO

Hubo un ligero zumbido en el suelo, y de pronto comenzaron a brotar de él sombras, cargadas de brazos con forma de tentáculo y cuchillas centelleantes.

—¡A por ellos! —gritó Maia.

Una decena de cadetes encendieron sus *zappers*. De pronto, los rayos de las armas tiñeron las tinieblas de naranja.

—¡Detrás de ti, Alex! —gritó Blop.

Alex se dio la vuelta justo a tiempo de ver que uno de los robots de entrenamiento se arrojaba sobre él, moviendo sus cuchillas a toda velocidad, cortando el aire junto a él.

El muchacho se arrojó al suelo por puro instinto, y logró disparar al robot, casi de casualidad.

¡ZAP!

El robot se desplomó con un enorme **¡CLANG!** a escasos centímetros de la cabeza de Alex.

—¡Cuidado! ¡Aún se mueve! —advirtió Blop, levantando el arma.

—¡No dispares, que me vas a dar! —gritó Alex.

Blop no hizo caso y disparó.

Dos tiros perfectos.

Ambos hicieron blanco.

En la espalda de Alex.

—Oh, oh —dijo Blop.

Alex sintió un zumbido por todo el cuerpo. Una vez, cuando era muy niño, había metido los dedos en un enchufe. La descarga lo había dejado entumecido, atontado y magullado.

Lo que estaba sintiendo ahora era cien veces peor.

El robot siguió moviéndose hacia Alex, apoyando las cuchillas en el suelo. Alzó uno de los brazos, dispuesto a clavarle el metal afilado.

—¡Apártate! —dijo Blop.

«¡No puedo moverme. Estoy totalmente paralizado!», pensó Alex.

Pero no lo dijo. Porque estaba paralizado.

El brazo del robot empezó a bajar.

En ese momento apareció Maia, que apartó a Alex a un lado. Sujetó el brazo del robot contra el suelo de un pisotón, al tiempo que le disparaba dos veces en la cabeza.

—¿Es que tengo que hacerlo yo todo? —dijo, con una sonrisa de triunfo.

En su fuero interno, estaba encantada de ser la más hábil con el arma; eso sí, en dura pugna con Seeska, la andoriana, que ya había abatido ocho robots.

Uno más que Maia.

Solo quedaban dos robots, y ambas, Seeska y Maia, apuntaron con sus armas al centro de la sala, en busca de las presas que les harían ganar aquel entrenamiento.

Ambas se miraron, la rivalidad brillando en sus ojos como un ascua.

«No disparéis —gritó Alex en su fuero interno—. Hay alguien entre los robots.»

Pero no lo dijo. Porque estaba paralizado.

Los *zappers* de ambas se activaron al mismo tiempo, justo en el momento en el que los robots se apartaban.

Los rayos anaranjados golpearon a la figura pequeña, minúscula, que había entre ambos enemigos mecánicos.

Sobrevino un silencio, y luego un enorme rugido.

—Oh, no —dijo Blop.

Ante los ojos asombrados de los cadetes, la figura pequeña e indefensa multiplicó su tamaño por seis, hasta convertirse en un gigante verdoso, con enormes brazos musculosos cubiertos de pelo azul.

—¡Havee! —gritó Tycho.

Sin dejar de rugir, el mulkachiano cogió un robot con cada mano, los estrelló el uno contra el otro de modo que convirtió sus cuerpos en dos acordeones, arrojó uno contra el suelo y al otro le arrancó la cabeza de un mordisco.

Alex, boquiabierto, comprendió por qué todo el mundo le tenía miedo al diminuto, adorable y verdeazulado peluche. Solo que ahora ya no era ni diminuto ni adorable.

—No disparéisss —siseó Diviak.

Tarde.

Seeska había hecho fuego dos veces. Los *zappers*, a mínima potencia, apenas tuvieron sobre Havee el efecto de un escupitajo.

El mismo efecto, de hecho: ningún daño, todo enfado.

Seeska arrojó el arma al suelo y corrió fuera de la sala, ante el asombro de los demás cadetes.

Maia, sin embargo, estaba aún de pie con el arma en la mano. Cuando Havee se dio la vuelta, su cerebro cegado por la rabia creyó que había sido ella la que había disparado, y se lanzó hacia Maia.

—¡Todo el mundo fuera! —ordenó el profesor Diviak, mientras serpenteaba hacia Havee.

Los alumnos obedecieron con sumo gusto, y se precipitaron hacia la puerta, pero para Maia era demasiado tarde.

—¡Cuidado, Maia! —gritó Blop.

La joven no reaccionó. Se había quedado paralizada ante el feroz ataque del mulkachiano.

Blop lanzó su aerodeslizador a toda velocidad y logró impactar en la espalda de su amiga, arrojándola al suelo antes de que el enorme brazo de la bestia la alcanzase. Maia y Blop rodaron por el suelo.

Blop terminó aplastando la cara de Maia.

—¡IAEEIA! —se oyó, amortiguado, como una voz que saliese de dentro de un flan.

—¿Qué dices, Maia? No te entiendo.

Maia apartó el cuerpo gelatinoso del camloreano de su cara.

—¡Quítate de encima! ¡Me has puesto el *flink* en la cara!

—Eso no era era mi... Da igual.

—¡Tenemos que ayudar a Alex!

Ambos se volvieron hacia su amigo, que seguía indefenso en el suelo, paralizado tras los disparos de *zapper* que había recibido en la espalda.

Havee estaba ya sobre él, rugiendo y babeando.

El pobre Alex miró hacia arriba, muerto de miedo, e intentó mover los brazos. Apenas logró sentir un hormigueo en la punta de los dedos.

—Atrásss, bestia —dijo el profesor Diviak, que había reptado hasta ellos. Intentó interponerse entre el humano y el mulkachiano, y protegió a Alex con su cuerpo.

Pero Havee volvió a lanzar uno de sus enormes brazos, como un ariete, barriendo a Diviak de en medio. El consumado asesino apenas logró esquivar lo más duro del ataque retorciendo su cuerpo de serpiente; aun así, acabó aturdido a unos metros de distancia.

Havee se agachó, cada vez más enfurecido, alzó en vilo a Alex, y lo cogió por las muñecas. Dentro de los enormes puños del mulkachiano, los brazos de Alex parecían las baquetas de una batería.

«¿Por qué haces esto? Somos amigos. No me mates», pensó Alex.

Pero no lo dijo. Porque estaba paralizado.

Sin embargo, algo cambió tras los ojos de Havee. Su mirada feroz se suavizó un poco cuando miró de frente a su amigo.

«Eso es. Soy yo. Soy yo. No me mates.»

Los ojos de Havee se volvieron menos duros, más inteligentes. Su cuerpo empezó a perder volumen, sus enormes colmillos a encogerse.

De pronto se oyó un grito, y el proceso se detuvo.

—¡Abatidlo! —dijo un alumno.

Alex nunca llegó a saber cuál.

—¡No disparéis, *flinks*!

La advertencia de Maia fue inútil.

Varios *zappers* se activaron, y sus débiles rayos impactaron en el cuerpo del mulkachiano, lo que lo enfureció aún más.

Entonces Havee separó los brazos todo lo que pudo.

Sin dejar de rugir.

Sin soltar los brazos de Alex.

Que eran mucho más cortos.

Yo os había avisado.

DURANTE UN LARGO RATO...

... Hubo solo oscuridad.

[6]

Y MÁS OSCURIDAD...

... Con breves destellos de consciencia.

[7]

EL MISTERIO DEL SABOTAJE

Cuando Alex despertó, sus amigos estaban allí.

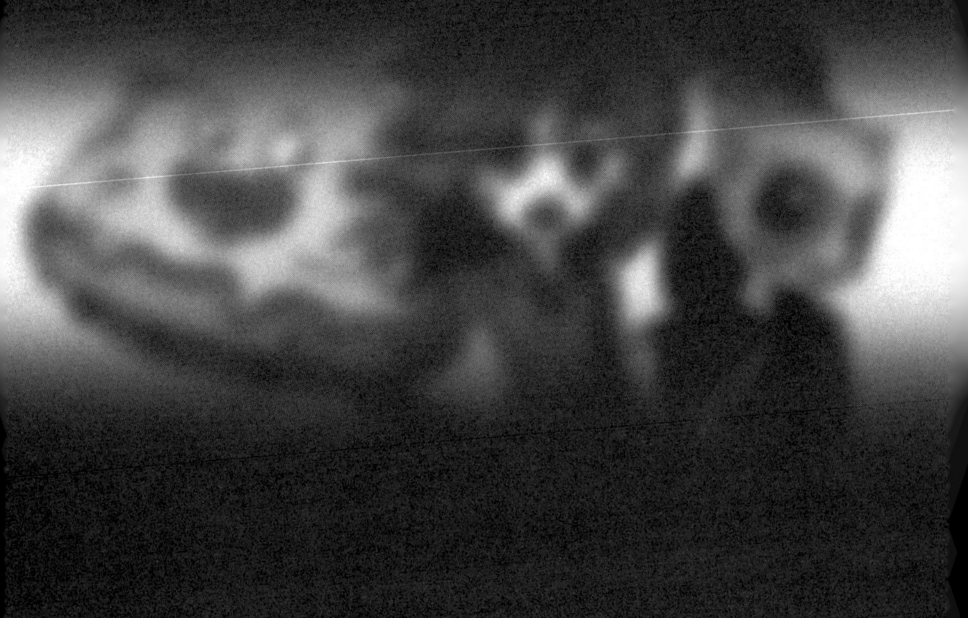

Allí era una cama en una habitación grande y blanca, tan llena de luz que Alex apenas podía distinguir los rasgos de sus amigos. Pero sus siluetas eran inconfundibles.

—Ya era hora —dijo Maia.

—¿Qué ha pasado? —preguntó Alex, con la voz ronca.

—Ha pasado que Havee te arrancó los brazos —le explicó Blop—. Estamos en la enfermería.

Alex, asustado, miró debajo de la sábana que lo cubría. Sacó las manos y se las miró. Todo parecía normal.

—Ah, no te preocupes. Volvieron a coserte los brazos al cuerpo.

—Es... increíble. No me duele, ni nada.

—Los chubis son unos genios recomponiendo gente. Aunque lo más probable es que ahora tengas algunos cables y piezas metálicas por dentro.

Y un par de rayas en los hombros, observó Alex, girando el cuello. Irregulares, finas, casi invisibles. No era un precio demasiado alto después de haberse enfrentado a un mulkachiano enfadado.

—Havee lo siente mucho. Está muy arrepentido. Jura que no lo volverá a hacer —dijo Tycho.

Havee salió de detrás de la tukxiana, mirando al suelo con arrepentimiento, y se acercó a la cama de Alex. Al verlo de nuevo en su forma habitual, costaba creer que aquel diminuto peluche fuese la forma de vida más peligrosa a bordo de *MADRE* (y, sin duda, una de las más peligrosas del Universo). Y sin embargo, Alex no pudo evitar un escalofrío.

—Vamos, no tengas miedo —dijo Tycho, mientras le hacía a Alex un gesto con los ojos.

El muchacho acarició a Havee detrás de las orejas, y el pequeño mulkachiano ronroneó como un gatito.

—¿Ves? No pasa nada. Ya os he dicho que lo lamenta mucho —insistió Tycho.

—Exacto. Lo has dicho tú. Porque este bicho no dice ni una palabra —señaló Maia—. No entiendo por qué lo han admitido como cadete.

—¿Tú también vas a ponerte en su contra? Después de lo que ha pasado estos ciclos...

—¿Ciclos? ¿Cuánto tiempo llevo aquí?

—Veintitrés ciclos. No había modo de despertarte —respondió Maia.

—Blop no se ha apartado de tu lado en todo este tiempo.

—Excepto para las comidas.

—Los demás hemos ido viniendo por si te despertabas.

—Hasta que hoy nos han avisado de que por fin ibas a hacerlo.

Alex sintió un calor y una emoción dentro del pecho

que le hicieron conmoverse. Se esforzó para contener una lágrima.

—Gracias, chicos.

—Es lo menos que podíamos hacer —dijo Blop.

—Sobre todo tú, que me paralizaste, me dejaste indefenso delante de una bestia sanguinaria y conseguiste que me arrancaran los brazos —le reprochó Alex muy serio.

Blop, al escuchar aquello, empezó a temblar como un flan. Bueno, como lo que era.

—¡Miradlo! ¡Está cambiando de color!

El habitual tono rosado de su gelatina había empezado a ponerse azul.

—Perdón... Es lo que nos pasa a los camloreanos cuando nos avergonzamos. Yo...

—Venga ya, Blop. Solo te gastaba una broma.

Todos se rieron, y Blop recuperó su tonalidad habitual.

—Menos mal. Las cosas han estado muy tensas últimamente.

—¿A qué te refieres?

—Bueno, algunos profesores han venido a ver cómo estabas. Diviak y Bardurian, sobre todo. También algún otro.

—¿Diviak ha estado aquí? —preguntó Alex, y se removió incómodo.

Por alguna razón, la presencia del asesino sisseliano inclinándose sobre su cama para comprobar si respiraba le parecía bastante inquietante.

—Sí, y los hemos oído discutir entre ellos.

—¿De qué hablaban?

—Sobre todo, de lo peligroso que es Havee —le explicó Tycho—. ¡Creen que es una amenaza!

—En eso estamos de acuerdo —dijo Maia, y le lanzó

una mirada de soslayo al peluche, que se entretenía hurgándose la nariz con despreocupación y extendiendo el pegajoso resultado por las sábanas de Alex.

—No se ponen de acuerdo con respecto a qué hacer con él. Muchos quieren dejarlo en el puerto espacial más cercano y facturarlo de vuelta a Mulkach —dijo Blop.

—Por encima de mi cadáver —protestó Tycho.

—Relájate. No es que eso vaya a pasar mañana mismo... Esta nave no va a ninguna parte.

—¿Seguimos varados? ¿Después de todos estos ciclos? —Alex se extrañó.

—Blop escuchó una conversación el otro día. Díselo, Blop —ordenó Maia.

—¡Yo no quería espiarlos!

—Lo sabemos, pero lo hiciste. Y Alex necesita saberlo.

Blop dudó un momento, pero al final comenzó a hablar.

—Yo había ido a por algo de comer, y al regresar encontré a varios profesores reunidos junto a tu cama. Estaban hablando de Havee, y de lo peligroso que es tenerlo aquí. Y que podría guardar relación con el sabotaje de los motores.

—¡¿Cómo?! —exclamó Alex extrañado—. ¿No creerán que Havee es el responsable?

—Algunos profesores creen que sí. Pero Bardurian les explicó que Havee estaba exento de la clase de MultiCom por razones obvias. Probablemente sea el único cadete de esta nave que no la necesita...

—Alguien metió a Havee dentro de una transportesfera mientras dormía la siesta y lo lanzó en mitad del entrenamiento de *zappers* —añadió Tycho.

—¿Cómo lo sabes?

—Porque me lo ha dicho él.

—Y eres la única que lo entiende... —dijo Maia, con un mohín de sospecha.

—También habló con la profesora Banxyn.

—¿La profe de bioformas?

—Ella también tiene una empatía elevada. Y dice que cree a Havee.

El mulkachiano emitió un suave ronroneo, inocente como un gatito. Costaba creer que aquel peluche estuviera a tan solo un enfado de convertirse en una fiera sanguinaria.

Sobrevino un silencio mientras las nuevas revelaciones iban encajando en las cabezas de los cinco amigos.

—El saboteador quería que ocurriese una desgracia —dijo Alex—. Pero ¿cuál es su objetivo? Hasta ahora no había atentado contra los cadetes...

—Los profesores no saben qué es, pero algunos creen que está a punto de ocurrir algo muy gordo. El capitán Churé le ha pedido a todo el mundo que colabore en la protección de los motores interdimensionales. Los chubis trabajan en ellos a todas horas, y han pedido voluntarios para vigilar las reparaciones.

—Quizá... si nos presentásemos voluntarios..., averiguaríamos algo.

—Tampoco tenemos mucho margen para eso. He oído que ya solo quedan un par de ciclos para que el motor esté de nuevo en marcha.

—En cualquier caso, siempre será mejor que estar aquí parado.

Alex se incorporó trabajosamente. Cuando puso los dos pies sobre el suelo, los músculos de sus piernas protestaron: llevaban inactivos mucho tiempo.

—¿Adónde vas? —preguntó Maia—. No puedes venir con nosotros.

—A proteger los motores, ¿o acaso os creéis...?

—No me has entendido. Que no puedes venir con nosotros hasta que te pongas algo decente. Se te ve el *flink*.

Todos soltaron una carcajada. Todos menos Tycho, que se ruborizó al estilo tukxiano, y sus mejillas se tiñeron de amarillo.

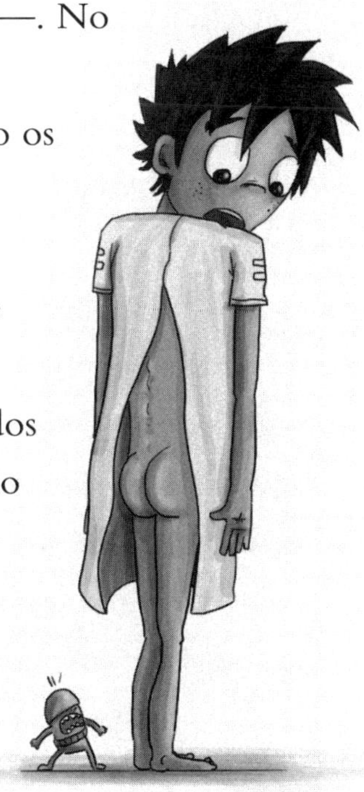

[8]

¿ADÓNDE DEMONIOS VAN?

Alex no había terminado aún de vestirse cuando Havee, que hasta ese momento había estado tranquilo hurgándose la nariz, inclinó la cabeza a un lado y comenzó a gruñir.

—Está oyendo algo —dijo Tycho—. Hay alguien ahí afuera.

—No hace falta un superpoder empático para eso, Tycho —respondió Maia, y corrió hacia la puerta.

Con mucho cuidado, entreabrió el panel deslizante que daba al pasillo y se asomó, solo para meter enseguida la cabeza.

—Son Ragant y los demás —dijo, apretando los dientes—. Creo que están tramando algo.

Todos se precipitaron hacia la rendija de la puerta; pugnaban por saber qué ocurría. Seeska y Hugucks caminaban tras Ragant, mirando de reojo a los lados. Ubo y Klitizzil iban un poco más rezagados. Cerraba la marcha K'Seea, la que era un pez

(bueno, tres peces con una única conciencia compartida que flotaban en una pecera sostenida por una estructura robótica tapada por una túnica),

y enseñaba astronavegación.

Los tres peces nadaban en la pecera de forma extraña, formando un círculo agitado.

Alex supuso que esa era la forma en la que mostraba nerviosismo.

—No se retrasen, CADETES —los urgió la profesora de bioformas—. Y, sobre todo, no hagan RUIDO. No queremos ALERTAR a sus compañeros.

—No entiendo a qué viene tanto misterio —dijo Hugucks, sorbiendo la saliva que le resbalaba entre los colmillos.

—Grrrrrrrrrrrrrr —gruñó Ubo.

—Callaos los dos —ordenó su jefe—. Me han prometido una prueba especial para alumnos aventajados.

—Nos la han prometido a todos, Ragant —protestó Seeska.

Ragant soltó un bufido en dirección hacia la andoriana, que retrocedió un poco.

—Guarden SILENCIO. No saben el HONOR que se les está haciendo —los reprendió la profesora.

La neutra voz metálica que salía por los altavoces de la estructura robótica no comunicaba inflexión alguna; incluso así era muy evidente que la profesora K'Seea estaba enfadada.

Los secuaces de Ragant desaparecieron de la vista, y Alex entreabrió un poco más la puerta, lo que hizo que las cabezas de todos cayeran un poco hacia adelante.

—¡Cuidado! —advirtió Blop.

—¿Adónde demonios van? —preguntó Maia.

—¡Nos van a ver! —exclamó Tycho.

—Tenemos que seguirlos —dijo Alex.

Los otros cadetes habían continuado caminando por el larguísimo pasillo, hasta topar con una pared cerca de un agujero de esfetúnel. Pero en lugar de tomar este, K'seea hizo un gesto junto a la pared, o quizá apretó un botón de algún dispositivo, estaba demasiado lejos para estar seguro.

—¿Estás *flink*, Alex?

—Quiero saber adónde van.

—No vamos a dejarte hacer ninguna tontería —le reprendió Maia, cogiéndolo por el brazo.

Cuando su amiga tiró de él hacia atrás, Alex sintió un dolor sordo y caliente en el hombro, sin duda debido a que sus heridas no estaban aún curadas del todo. Pero eso no iba a detenerlo.

—Aquí está ocurriendo algo. Y tengo la corazonada de que podremos averiguarlo si los seguimos.

Hubo un instante de silencio y desconcierto. Ocurría algo, pero Alex no era capaz de entender qué era.

—¿Venís o qué? —apremió a sus amigos.

La puerta secreta había comenzado a cerrarse, ¡y aún estaban muy lejos!

Alex comenzó a correr hacia el espacio cada vez más reducido. El joven humano era el más rápido de todos, aunque logró entrar por la rendija un instante antes que Maia. Los demás lo siguieron a duras penas. El pobre Blop, que era el último, tuvo que poner su aerodeslizador de lado y apretarse para entrar por un espacio imposible. Dejó unas manchas rosadas en el metal, que se cerró con un chasquido.

Al otro lado (derrumbados en el suelo y hechos todos un ovillo, unos encima de otros), Alex aprovechó para preguntarles a los demás sobre lo que acababa de ocurrir.

—¿Qué ha pasado ahí atrás?

—Es... es solo

que... no estamos acostumbrados a esa palabra que has dicho. Nuestros CT han tardado un rato en traducirla —dijo Blop.

—¿Qué palabra?

—«Corazonada».

Alex asintió, tratando de comprender. Sus amigos, que habían crecido bajo las culturas dominantes de la Confederación, no confiaban demasiado en la intuición.

—Las corazonadas, la suerte... y otras palabras que dices a veces, Alex. Es todo muy... muy... —dijo Tycho, intentando sonar amable.

—Muy Zero, Alex —interrumpió Maia impaciente.

Alex se encogió al escuchar aquella palabra que tanto se había usado contra él para insultarlo desde su llegada a *MADRE*, muy especialmente Ragant y sus secuaces.

No se lo esperaba viniendo de ella.

—¡No iba a decir eso! —protestó Tycho, que de repente estaba enfadada con Maia—. Quería decir «humano».

—Ni siquiera sabes lo que significa. No habías visto un humano hasta hace unos pocos ciclos —insistió Maia.

Las dos se pusieron en pie y siguieron discutiendo, hasta que Havee y Blop las detuvieron y señalaron a

Alex. El muchacho, sentado en el suelo, tenía la cabeza entre las rodillas.

Maia y Tycho dejaron inmediatamente de discutir y se acercaron al chico.

—Alex, lo siento, yo no quería... —intentó decir Tycho.

—No importa —la interrumpió Alex con un gesto—. Tienes razón. Somos diferentes, y yo vengo de una cultura primitiva, al menos para vosotros. Pero eso no quiere decir que no tenga razón a veces.

En ese momento estaba sintiendo la misma corazonada que había sentido al decidir quedarse en *MADRE*.

—Y ahora sé que tenemos que averiguar qué está pasando. Y deprisa, antes de que los perdamos de vista. ¿Estáis conmigo?

Blop y Havee avanzaron hacia Alex.

—Vamos a meternos en un lío enorme por esto —dijo el camloreano.

Tycho también se puso al lado de Alex, aunque evitó mirarlo a los ojos, aún avergonzada por lo que había ocurrido.

Maia fue la última en dar un paso al frente, aunque no le pidió perdón a Alex.

Era demasiado orgullosa.

—Como nos la carguemos por tu culpa, yo misma te arrancaré los brazos de nuevo.

NO PODEMOS SEGUIRTE, HAVEE

El pasillo era largo, muy largo, y la luz, diferente.

En lugar del resplandor azulado habitual en toda la inmensa nave, allí la tonalidad era de un amarillo verdoso. Y las líneas rectas se convertían en un laberinto de recovecos y revueltas, de caminos sin salida.

Alex y los demás intentaron averiguar qué camino debían seguir, pero cuanto más avanzaban, más despacio iban, y más perdidos se encontraban.

—No sé por dónde se han ido —dijo Alex, luchando por recobrar el aliento, tras un montón de titubeos y recovecos, y después de dar media vuelta una decena de veces.

—Yo tampoco —admitió Maia, a regañadientes.

De pronto, Havee pegó el hocico al suelo y emitió unos ruidos extraños.

—¿Qué hace? —preguntó Blop—. ¿Va a convertirse otra vez en un monstruo?

Todos miraron extrañados al mulkachiano, salvo Alex, que había visto suficientes películas en las que salían perros como para comprender lo que ocurría.

—Creo que está captando el rastro de los otros —aventuró Alex.

—¿El rastro?

—Es como una huella, pero de olores.

—Si es por olores, los andorianos huelen a ropa interior sucia —dijo Maia, que seguía alterada después de no haber tenido más remedio que esconderse al paso de Seeska.

—Interesante —dijo Blop—. He leído al respecto, claro, pero en mi especie carecemos del sentido del olfato. A cambio, tenemos muy potenciado el sentido del gusto.

—¿Por eso estás todo el día tragando?

—Los camloreanos nos comunicamos con los sabores. Para nosotros, la comida es sagrada —se defendió Blop.

—Es literalmente sagrada. Tienen templos consagrados a una especie de tableta de choc...

—Callaos —interrumpió Alex, y señaló al pequeño mulkachiano—. Creo que quiere que lo sigamos.

Havee se colocó a cuatro patas (y, cuando lo hizo, Alex habría jurado que sus brazos se alargaron varios centímetros), volvió la cabeza una sola vez hacia ellos para asegurarse de que iban tras él, y empezó a trotar pasillo adelante, cada vez más deprisa.

—¡No os retraséis!

—¡Havee, más despacio! —gritó Tycho.

—¡No puedo girar tan rápido! —protestó Blop, a cuyo aerodeslizador le costaba muchísimo tomar las curvas a la velocidad a la que lo hacía el resto.

Pese a los gritos de sus amigos, Havee no aflojaba el ritmo, y los demás tenían que hacer auténticos esfuerzos para no perderlo de vista.

La carrera prosiguió durante un buen rato, hasta que ninguno podía apenas respirar. Alex creía que iba a expulsar los pulmones por la boca, y los demás no estaban mucho mejor.

De pronto, Havee se detuvo al llegar a una puerta aparentemente idéntica a todas las demás que habían cruzado, al final de un pasillo idéntico a muchos otros que habían recorrido, y se puso de nuevo en pie. Sus patas delanteras se encogieron lentamente y volvieron a convertirse en brazos.

—Es aquí —dijo Tycho.

—¿Cómo demonios lo sabe? —preguntó Blop.

—Lo sabe y ya está —respondió Maia—. Será mejor que os preparéis para lo que encontremos al otro lado.

Todos se reunieron alrededor de la puerta, intentando recobrarse. Cuando se aseguró de que habían dejado de jadear en busca de aire, Maia apretó el botón que abría la puerta.

Lo que vieron los volvió a dejar sin aliento.

EL HANGAR SECRETO

El lugar era gigantesco, tan alto que Alex no podía ver el techo. Las paredes se perdían a lo lejos, a tanta distancia que, más que verse, se intuían.

Estaba muy oscuro, iluminado tan solo por el resplandor residual de *MADRE*, y aparentemente vacío.

Aparentemente.

Junto a la entrada había unas cuantas cajas de suministros, cubiertas de un polvo espeso y antiguo. En un lateral se veían extrañas inscripciones que Alex no consiguió descifrar.

El chip transcerebral zumbaba con fuerza en el interior de su cráneo cada vez que Alex posaba la mirada en ellas. Aun así, no produjeron ningún resultado, a diferencia de las escrituras que había encontrado hasta ese momento a bordo de la nave.

Ragant y sus secuaces podían estar delante de ellos, en cualquier parte.

—Rápido, ocultémonos ahí —dijo Alex, tratando de ganar tiempo antes de decidir qué harían a continuación.

Los cinco se camuflaron detrás de las cajas, y se asomaron por el borde.

—¿Qué *flink* es este sitio? —preguntó Blop.

—Es un hangar. Un espacio para guardar naves de combate —respondió Maia.

—No es posible. Según mis cálculos estamos muy dentro de *MADRE*. Muy lejos de los portones de lanzamiento. No tendría sentido guardar naves aquí.

Maia señaló hacia arriba. El techo no podía verse, oculto en la oscuridad, pero de él colgaban gruesos tentáculos y estructuras. La antareana les explicó que servían para el mantenimiento de las naves de combate.

—Naves que se suponía que no existen a bordo de *MADRE*. Teóricamente solo llevamos las básicas naves de entrenamiento RXK.

Los demás miraron a Maia extrañados.

—¿Cómo sabes todo esto? ¿Habías estado en algún hangar antes?

—Alguna vez. Antes de venir a *MADRE*.

Guardó silencio, y los demás no insistieron. A pesar de que se morían de curiosidad, sabían de sobra que Maia nunca hablaba de su vida anterior, y que cualquier intento de averiguar más de lo que ella quisiera contar podía acarrearte una de las terribles miradas reprobatorias de la joven.

Alex entrecerró los ojos. Creía ver formas moviéndose en la oscuridad delante de ellos. De pronto una luz se encendió en mitad del hangar, con un intenso chasquido.

El secreto que contenía el hangar refulgió con un brillo metálico bajo aquella luz.

—*¡Flink!* —exclamaron los cuatro a la vez. Incluso a Havee se le erizaron los pelos del costado de la sorpresa.

En mitad del hangar flotaba una nave extraña, de formas suaves y afiladas. Estaba fabricada en lo que parecía una única pieza de metal bruñido. Sobre ella no había ni marcas ni señales de ningún tipo.

—¿Habíais visto algo así alguna vez? —preguntó Alex.

—Nunca —respondió Tycho.

—Jamás —admitió Blop—. Y he estudiado centenares

de modelos de naves de combate. Desde luego, no es de la Confederación.

Incluso Maia, que parecía tener alguna clase de conocimiento que los demás ignoraban, hubo de menear la cabeza. Estaba completamente asombrada por el descubrimiento, y sus enormes ojos de pupilas dobles se habían abierto como platos.

Havee emitió un leve gruñido de advertencia.

—Mirad —dijo Tycho—. Ahí están.

Unas figuras entraron en el cono de luz que iluminaba la extraña nave. La profesora K'Seea guiaba al grupo de Ragant, y les hacía gestos para que se acercasen. Los otros obedecieron con cierta cautela.

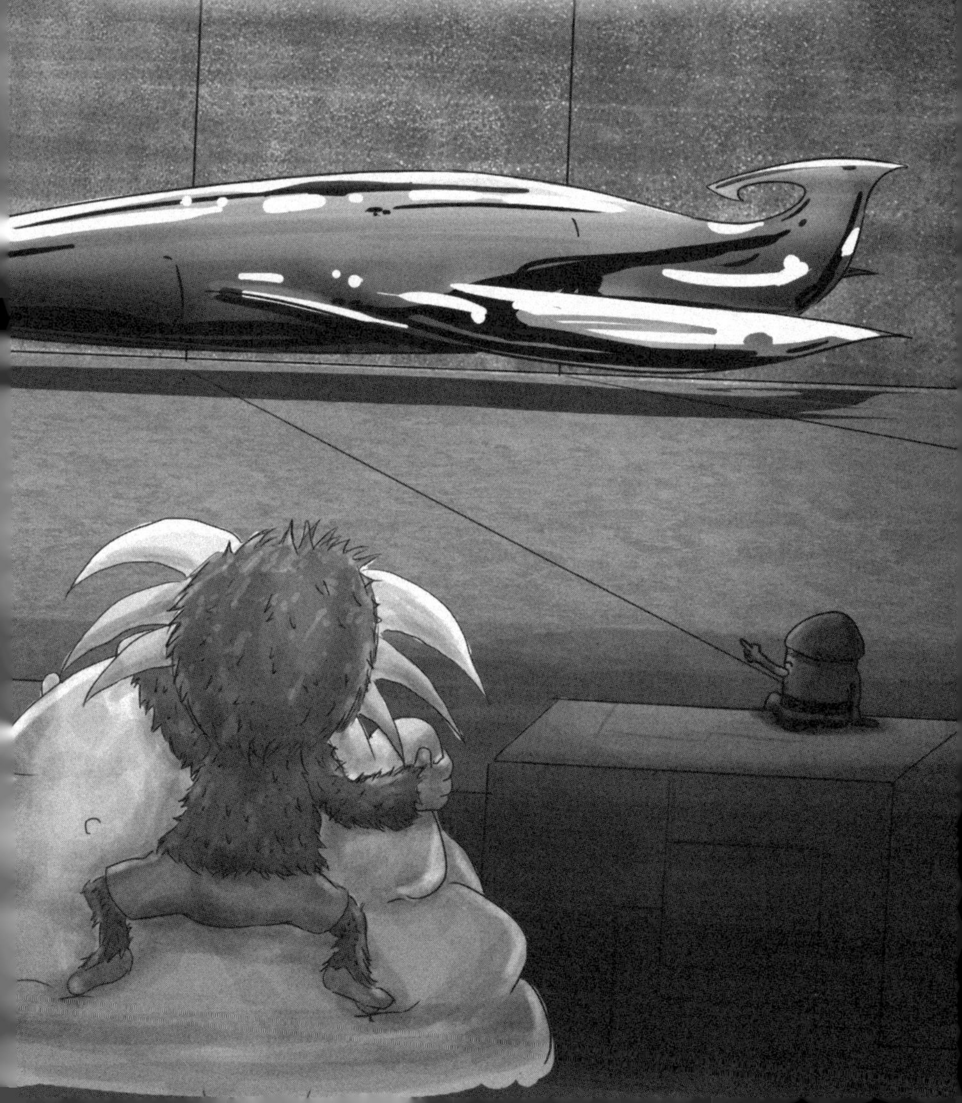

A tanta distancia no se distinguía su conversación, pero parecía indicarles que tocasen la nave. Hugucks fue el primero en acercarse y tender un brazo hacia la estructura metálica. Hubo un fogonazo y un chisporroteo audible, **¡TZZZTZTZ!**, y el subliano fue arrojado al suelo, a varios metros de la nave.

Nadie acudió a ayudarlo.

Detrás de las cajas hubo unas leves risitas.

—¿Qué ha pasado?

—Creo que la cosa esa le ha dado una descarga eléctrica.

—Qué pena que no haya sido Ragant.

—No te preocupes, creo que vas a tener la oportunidad de verlo.

La profesora señaló a Ragant con el huesudo dedo robótico, pero este meneó la cabeza y empujó a Ubo hacia adelante. El gigantesco moltiano se negó a avanzar hasta que Ragant tiró de él hacia abajo para que se inclinase y le susurró algo al oído.

—«Venga, Ubo, no seas cobarde —remedó Blop, imitando a la perfección el tono rasposo y desagradable de la voz del rigeliano—, ve a que te den una descarga por mí».

Todos contuvieron la risa ante la imitación de Blop, mientras el moltiano se separaba de su jefe y caminaba con gesto falsamente decidido hacia el mismo punto en el que Hugucks había sido lanzado hacia atrás.

¡TZTZZZTZTZ!

Esta vez el fogonazo fue más fuerte aún que el anterior, solo que Ubo no salió disparado varios metros, como su compañero de aspecto felino. El moltiano cayó hacia atrás como un árbol talado, completamente rígido, aún con el dedo extendido apuntando hacia adelante.

Las risas fueron aún más difíciles de contener.

—¿Por qué está pasando todo esto? —se preguntó Blop—. ¿Qué es esa nave, y por qué ha traído K'Seea a estos *flink* a que la toquen?

—No lo sé. Pero ahora le toca a Ragant —susurró Alex divertido.

—Igual manda a Klitizzil o a Seeska.

—No me importaría que esa sucia traidora andoriana recibiera un buen fogonazo —dijo Maia.

Ragant se había vuelto hacia sus esbirros, pero tanto la gigantesca cucaracha como la andoriana habían dado varios pasos hacia atrás, y dejado a su jefe al lado de la profesora K'Seea, que ya lo señalaba como el siguiente «voluntario».

—«Miradme, miradme, soy muy valiente y no se me nota nada que me he hecho *flink* en los pantalones» —imitó de nuevo Blop a Ragant, que fingía despreocupación en su camino hacia el inevitable fogonazo.

—Espero que sea más potente todavía —dijo Blop—. Uno intenso y de efectos permanentes.

—Pobrecito, a mí me da pena —se compadeció Tycho—. Seguro que le duele mucho.

—Callaos y dejadme disfrutar de esto —suplicó Alex.

De pronto se oyó, a sus espaldas, un silbido serpenteante.

Un silbido serpenteante que todos conocían muy bien.

Un silbido serpenteante que todos temían más que a los propios zarkianos.

Un silbido serpenteante que los había atrapado con las manos en la masa.

Un silbido serpenteante que hizo que Alex tragase saliva, que la respiración de Maia se acelerase, que la digestión de Blop se cortase y que las lágrimas de Tycho resbalasen por sus mejillas.

—No ssse preocupe, cadete —dijo el profesor Diviak, y se alzó ante ellos con la temible lengua bífida asomando amenazadora entre los colmillos—. Va a disssfrutar, claro que sssí. Yo personalmente me encargaré de que todosss y cada uno de ustedes disssfruten como nunca han disssfrutado en su vida.

VOY A MATARTE, ALEX

—Juro que voy a matarte, Alex —le susurró Maia, que seguía muy enfadada con el humano.

Diviak les había echado una tremenda bronca. Se había pasado más de dos horas sermoneándolos acerca de la irresponsabilidad que habían cometido, y de por qué no debían contarle a nadie lo que habían visto en aquel hangar.

—No saben lo que han hecho, cadetes —insistía el sisseliano una y otra vez—. No saben lo que han hecho.

No había dado explicación alguna de qué era lo que pasaba, ni ellos tampoco habían tenido el valor de pedirla.

—A veces hay grupos de cadetes que desaparecen sin más un par de ciclos —susurró Tycho a los otros, mien-

tras iban en pos de Diviak. Concluida la bronca, tenían que seguirlo hacia el inevitable castigo.

—No me limitaré a arrancarte los brazos, no. Voy a matarte de verdad —continuó Maia.

Alex intentó no hacer caso de las amenazas de su amiga.

—¿Cómo lo sabes, Tycho?

—Yo me fijo en esas cosas —respondió la tukxiana—. Y hay algo extraño. Siempre desaparecen el mismo número de cadetes.

—Te arrancaré la cabeza. A ver si los chubis pueden volver a cosértela igual que los brazos —siguió Maia.

Alex se volvió de nuevo hacia Tycho.

—¿A qué te refieres con que es siempre el mismo número?

—Sí, siempre son cinco. Desaparecen un par de días y luego vuelven a aparecer, como si no hubiera sucedido nada.

«Cinco —pensó Alex, y recordó las palabras que le había dicho Bardurian en su despacho, antes de despedirse de él—. Cinco es el número adecuado, el número correcto.»

—Te dispararé con un *zapper* —insistió Maia, a quien el enfado le sugería métodos cada vez mejores y más originales para acabar con Alex—. Te tiraré una bomba *wop*.

Te ataré a un picopropulsor y te lanzaré al vacío, donde tu cabeza hueca se sentirá como en casa.

—Lo que no entiendo es... Si han desaparecido tantos cadetes durante estos últimos ciclos, ¿por qué nadie ha contado nada? —se preguntó Alex, que seguía haciendo caso omiso de las amenazas de Maia.

—Una experiencia como recibir un fogonazo de una nave desconocida en un hangar secreto es algo que por fuerza acabarías contando —intervino Blop.

—El fogonazo los deja inconscientes. Quizá también les haga olvidar que lo han recibido, como una especie de rayo amnésico —aventuró Maia—. Por cierto, Alex, voy a matarte.

—Venga ya, no puedes seguir enfadada conmigo: ya te he pedido perdón. Y hemos descubierto cosas muy importantes. Y el castigo ha merecido la pena, solo por ver cómo les freían el culo a esos cretinos.

La antareana miró para otro lado, incapaz de seguir enfadada con su amigo humano por más tiempo.

—Solo espero que no nos castiguen con servicio de limpieza. Si nos cae servicio de limpieza, entonces sí que te mato de verdad.

EL LEGENDARIO SARGENTO STROGONAR

—Bienvenidosss al servicio de limpieza, cadetes —anunció Diviak, y les hizo un gesto cuando llegaron—. Essste será sssu hogar hasta nueva orden.

Se encontraban en una especie de túnel, con una plataforma elevada un par de metros sobre el acceso. A Alex le recordaba a una estación de metro, sobre cuyo andén había varios vehículos.

Maia habría fulminado a Alex con la mirada al ver que sus peores temores se confirmaban, pero el asombro al ver quién se encontraba junto a los vehículos se lo impidió.

Era un militar, con el clásico uniforme negro con hombreras de cuero. Unas bandas amarillas en el hombro izquierdo indicaban el grado de sargento.

Medía más de dos metros de alto, pero lo más impresionante de su aspecto era el rostro, que parecía un filete al que hubieran pasado varias veces por una picadora de carne. Su ojo derecho había desaparecido bajo un centenar de antiguas cicatrices. El otro refulgía con la fiereza de un león salvaje.

—Es el sargento Strogonar. Es una leyenda —le susurró Maia a Alex.

—No he oído hablar de él.

—Perdió un ojo y seis dedos de una mano en el asedio de Kalafen VII, después de resistir él solo en una posición elevada contra toda una horda de zarkianos, «sin más ayuda que una fáser de protones, seis picogranadas y un bocadillo de whappels», como le gusta repetir cada media hora, más o menos —dijo Blop, poniendo buen cuidado en que el sargento Strogonar no le oyese—. Sale en muchos de los pósters de reclutamiento de la Confederación.

—Es un grokoliano —dijo Tycho—. Me causan escalofríos.

—El sistema Grokol ha sido invadido cuarenta y tres veces, la mitad de ellas por zarkianos. Jamás ha sido conquistado. Sus habitantes son muy duros, y este es el que más. Ese hombre es un héroe —protestó Maia.

—Es un carnicero —dijo Tycho, con una mueca de horror.

—Basta de cháchara, cadetesss. Vengan aquí —llamó Diviak, que se había acercado a los vehículos y estaba de pie junto al sargento Strogonar.

Alex había oído hablar del servicio de limpieza. Todos los cadetes lo habían hecho, incluso los más novatos, porque era el castigo más terrible que te podían imponer. Los profesores amenazaban con él, antes o después. Pero solo Diviak se atrevía a imponerlo, aunque nunca a los cadetes de primer año.

MADRE no era una nave normal y corriente. A pesar de estar hecha de metal, era un organismo vivo, aunque nadie supiese cómo funcionaba exactamente. Lo cual significaba que tenía sus propias tripas, que a su vez tampoco nadie sabía cómo funcionaban exactamente. Eran lugares prohibidos a los cadetes, que nunca debían abandonar los senderos de línea amarilla.

Y como la nave tenía tripas, estas tenían parásitos. Los corredores ignotos de *MADRE* estaban repletos de mowams, las temidas ratas espaciales que infestaban toda nave suficientemente grande.

Alex intentó recordar la imagen que había visto de ellas en clase de bioformas. Eran negras, peludas y del tamaño de un balón de fútbol. De una en una no suponían un gran peligro para nadie, y solían huir cuando oían algún ruido. Pero en gran número eran animales muy peligrosos.

Se oían historias de cadetes que habían abandonado el sendero y habían desaparecido, dejando tras de sí solo una bota y un jirón de uniforme manchado de sangre.

El servicio de limpieza se había creado para mantener la infestación de mowams bajo control. No solo para evitar que se comieran a algún cadete de vez en cuando, sino también porque el alimento preferido de los mowams eran los chubis.

Cuando los mowams comenzaban a proliferar, los chubis eran devorados sin compasión. Y cuando las amigables setas verdes descendían en número, secciones enteras de *MADRE* dejaban de funcionar.

«Exactamente igual que un cuerpo humano que se queda sin glóbulos rojos, comidos por los gérmenes —pensó

Alex—. Solo que ahora quienes tienen que hacer de glóbulos blancos y matar a los gérmenes somos nosotros.»

Era una tarea sucia, desagradable y muy muy peligrosa.

—Bien, cadetesss —dijo Diviak, cuando llegaron junto a los vehículos—. En consideración a que son ustedes alumnos de primer año y que no tienen aún conocimientosss de pilotaje, le he pedido al sargento Strogonar que haga un hueco en su apretada agenda y que lesss imparta un poco de su sabiduría y lesss enseñe a manejar las aeromotosss.

Diviak hizo una pausa y miró a Strogonar.

El enorme sargento observó a su vez a los cadetes de primer año con su único ojo. La mirada que les dedicó fue larga y despectiva, como si los estuviese sometiendo a un examen.

El silencio se hizo cada vez más largo y pesado, hasta que al final Strogonar lo rompió con un carraspeo hastiado.

Era evidente que el examen había concluido y que ninguno de ellos había aprobado.

—Sargento Strogonar —le instó Diviak.

De mala gana, el fiero gorkoliano comenzó a señalar

las distintas partes de la aeromoto y a explicar, a regañadientes, su manejo.

—Con esto se acelera, y con esto se frena. Con esto se dispara procurando no dar a un compañero, y con esto se gira procurando no estamparte con una pared. Eso es todo.

Strogonar se dio la vuelta y caminó hacia la salida, con pasos lentos y pesados, ante la mirada asombrada de los cadetes, que no comprendían por qué la explicación había sido tan breve.

—Si eso es todo lo que van a decirnos, se va a meter en los túneles subido en esas cosas su *flink* —dijo Blop.

Diviak tampoco parecía muy convencido con la escueta explicación de Strogonar. Con un serpenteo de su cola, el mortífero sisseliano se interpuso en el camino del sargento.

—Apártese, Diviak.

—Sargento, ¿no cree que los cadetes agradecerían alguna indicación másss?

Strogonar lo miró muy fijamente, y al final respondió con un gruñido.

—Désela usted, si tantas ganas tiene de mandar a los túneles a unos novatos que aún no han acabado de soltar la teta de sus madres, Diviak.

—Las aeromotosss no sssson mi ámbito de especialidad —siseo Diviak al único ojo bueno del sargento—. Lo mío esss un combate más cercano. Más personal.

La amenaza, muy poco sutil, quedó flotando entre los dos como una nube tóxica. Pero hacía falta mucho más que eso para amedrentar a alguien tan duro como el sargento Strogonar.

—No se envía a unos cadetes de primer año a hacer limpieza, y usted lo sabe.

—No lo entiende, sargento. Las circunstancias son sumamente... especialesss.

—Apártese, Diviak —respondió Strogonar, tensando los enormes hombros—. No voy a contribuir a esto.

Al profesor de MultiCom no le quedó más remedio que hacerse a un lado.

—Confiaba en su proverbial... exhaustividad —dijo, en un último intento de convencerlo.

Strogonar se volvió hacia los cadetes para echarles una última mirada.

—No tiene sentido malgastar energías con los muertos —replicó, antes de abandonar el muelle. Hizo mucho ruido con las pesadas botas de campaña.

Diviak se quedó mirando cómo la espalda del sargento desaparecía por la puerta. Su rostro gélido solo mostró el desconcierto con un intermitente chasquido de su párpado doble.

Pero no iba a dar su brazo a torcer. Ya se había pronunciado el castigo, y Diviak no podía desdecirse.

A pesar de que, con sus escasos conocimientos, era casi una condena a muerte.

—Ya han recibido sus instrucciones, cadetes. —Se volvió hacia Alex y sus amigos. Señaló las aeromotos—. No sé a qué están esperando.

[13]

UNA TAREA SUCIA, DESAGRADABLE Y MUY MUY PELIGROSA

El túnel era una boca de una negrura vacía y espesa. Al menos, en el espacio había estrellas lejanas que aliviaban la oscuridad.

Allí dentro no había nada.

Salvo miles de mowams, por supuesto. A los que tendrían que hacer frente sin ninguna preparación, y con unas instrucciones que habrían cabido escritas en una galleta de VantriCao.

—Tengo un mal presentimiento acerca de esto —dijo Alex.

Maia, siempre la más valiente, fue la primera en subirse a la aeromoto. Trasteó un poco sobre el cuadro de mandos, y en pocos instantes logró que el vehículo la obedeciese.

—Tened cuidado. Los controles son muy sensibles.

Para sorpresa de todos, Tycho fue la segunda. Saltó sobre el asiento y le tendió la mano a Havee, que se subió tras ella y se agarró a su uniforme sin pensárselo dos veces.

Blop fue el siguiente. Hizo ascender su aerodeslizador hasta el cuadro de mandos y activó unos diminutos tentáculos mecánicos que salieron del aparato. Se acoplaron sobre el chasis de la aeromoto con un ruido seco, fijando a Blop sobre la estructura.

Alex trepó como pudo a la aeromoto y presionó el control de avance. El vehículo respondió con un salto. Había otra palanca para subir y bajar. En esta última había un botón con el que se activaban los *zappers* situados en el frontal.

Procurando no pulsarlo sin querer, Alex logró situar la aeromoto junto a las otras tres de sus compañeros, que ya estaban cerca de la boca del túnel.

Molesto por tener que hacerlo él mismo, Diviak les dio las indicaciones finales desde lo alto de la plataforma.

—Mantengan los vehículos lo más cerca posible del centro del túnel, pero no demasiado arriba. Se estrechan y hay muchos giros difíciles. Cuando vean a esos bichos, disparen sin compasión. No son más que alimañas sin cerebro.

Hizo un gesto para indicarles que salieran ya, y luego pareció recordar algo.

—Sigan siempre a su izquierda. No tomen nunca ningún desvío hacia la derecha, y acabarán regresando a este mismo punto. De lo contrario, se perderán.

No añadió nada más.

Maia presionó ligeramente el control de avance hasta que alineó el morro de la aeromoto con los de sus amigos.

—Vamos allá. ¿Qué podría salir mal?

Todos se miraron, y apretaron los controles de avance.

Las cuatro aeromotos salieron disparadas hacia adelante con un zumbido agudo.

Resultó que todo podía salir mal.

Aunque al principio parecía de lo más sencillo.

Con la palanca de avance ligeramente presionada, las aeromotos iban a una velocidad moderada, y los segmentos que dividían los túneles, iluminados por los potentes faros de los vehículos, tardaban unos cuantos segundos en pasar junto a ellos.

Allí las paredes metálicas no eran como en otros segmentos de *MADRE*. El olor era acre, muy fuerte, y dejaba un regusto metálico en la boca, como cuando te muerdes un carrillo al masticar.

Tardaron varios minutos en avistar al primer mowam. Estaba parado en mitad del camino, de espaldas a ellos, royendo con desgana un grueso cable metálico que segregaba un líquido azulado que ninguno supo identificar.

«Es sangre —pensó Alex—. La sangre de *MADRE*.»

El mowam se dio la vuelta y los miró con gesto desafiante.

Alex pensó que las imágenes que había visto en su holotableta no le hacían justicia.

Para empezar, no era del tamaño de un balón de fútbol.

«Esa cosa tiene el tamaño de DOS balones de fútbol, como mínimo —pensó Alex—. Vamos a necesitar una aeromoto más grande.»

Parecía estar compuesta en su totalidad por lo que en las imágenes le había parecido pelo negro, duro y espeso

pero que ahora se dio cuenta de que eran cables retorcidos. Sus mandíbulas eran metálicas como dos hojas de sierra que se cerrasen la una sobre la otra. Pero nada de eso le dio miedo de verdad a Alex.

Lo que de verdad le revolvió el estómago fueron sus ojos.

Tenía siete, o quizá más. No era posible saberlo con certeza, porque se agitaban en todas direcciones, se abrían y se cerraban, cambiaban de posición sobre las mandíbulas, brillando verdosos y malignos bajo el haz de luz de los faros.

—Dispárale, Maia —le rogó Tycho.

Todos se asombraron ante su petición.

Desde el principio sabían que la tukxiana no iba a abrir fuego sobre un ser vivo, pero incluso a ella le resultaba imposible empatizar con... eso.

Aquella alimaña ni siquiera estaba realmente viva.

Existía tan solo para comer en la oscuridad. Jamás conocería el amor, ni la música, ni la alegría.

Solo el hambre.

Maia no lo dudó. Reguló el control de altura y apuntó con el morro a la rata espacial. El *zapper*, cargado a potencia media, emitió un fuerte **¡ZAP!** que falló por más de medio metro.

La criatura siguió allí plantada durante un instante más, sin hacer caso al perfecto círculo humeante que había quedado a su lado en el suelo.

De pronto se dio la vuelta y desapareció en la oscuridad.

—Maldita sea. He fallado. ¿Cómo *flink* ha ocurrido? —se lamentó Maia, cuya puntería solía ser infalible.

—Creo que estos trastos están pensados para disparar a mucha velocidad y en un ángulo concreto. Si vamos tan despacio o si nos paramos, se pierde precisión —explicó Blop.

—Pues vamos a por ellos, entonces. ¡Acelerad!

POTENCIA A TOPE

Maia arrancó de nuevo, comenzó a ir cada vez más deprisa, y Alex tuvo que poner la palanca de avance hasta la mitad de la potencia para poder seguir a su altura. De forma extraña, las aeromotos parecían controlarse mejor y responder con mayor fluidez cuanto mayor era la velocidad.

Alex no sabía cuánta era exactamente.

Había unos números que iban creciendo en el cuadro de controles, pero Alex no comprendía su significado y no podía fijar la mirada sobre ellos el tiempo suficiente como para que el chip transcerebral se los tradujese.

Si apartaba la vista del túnel durante tan solo un instante, acabaría espachurrado contra las paredes.

«Desde luego, voy muchísimo más deprisa de lo que he ido nunca en ningún coche», pensó.

Por un breve instante se vio a sí mismo en el asiento trasero del destartalado cacharro de la señorita Danvers, rumbo a una nueva casa de acogida, mirando a través del cristal de la ventanilla empapado de gotas de lluvia, contando cuánto tardaba en llegar el siguiente poste de la autopista.

«¿Cuánto ha pasado desde la última vez? ¿Un año? ¿Tal vez menos?

»Si pudiera verme ahora la señorita Danvers...»

Pilotando una aeromoto en las entrañas de una nave espacial, a tal velocidad que los anillos que dividían las larguísimas secciones del túnel apenas tardaban un segundo en pasar a su altura.

«Tienen que ser más de doscientos kilómetros por hora, y la palanca solo está a mitad de potencia.»

—¡Mirad! —gritó Maia, que seguía en cabeza, señalando hacia adelante.

Un muro negruzco y sucio pareció alzarse ante ellos, pero, cuando iban a frenar, ¡el muro comenzó a alejarse!

Alex no daba crédito a lo que estaba viendo.

Aquel muro estaba compuesto enteramente por mowams. Centenares de mowams, miles de mowams, con sus bocas metálicas chasqueando en la oscuridad.

Y se estaban alejando de ellos.

—¿Cómo es posible que sean tan rápidos? —gritó Maia.

A la velocidad a la que iban, su voz era inaudible, pero la aeromoto llevaba un altavoz incorporado en el cuadro de mandos, y eso les permitía oírse unos a otros con bastante claridad.

—¡No lo sé! —respondió Blop—. Creo que ni siquiera están hechos de materia orgánica, sino compuestos por residuos. ¡Pero a media potencia no los alcanzaremos nunca!

—¡Ya habéis oído a Blop! ¡Potencia a tope, y procurad manteneros en el centro del túnel!

Todos apretaron la palanca hasta el final.

La aeromoto salió disparada hacia adelante con una fuerza imparable. Si antes los segmentos del túnel parecían pasar cada segundo, ahora se habían convertido en un borrón indistinguible.

«¿A qué velocidad iremos? ¿Cuatrocientos kilómetros por hora? ¿Tal vez quinientos?»

A pesar del enorme peligro que estaba corriendo, y de que cualquier pequeño error podía convertirlo en una bola de fuego, Alex sintió, por segunda vez en su vida, una salvaje alegría.

Era tan poderosa y tan fuerte que se preguntó si antes de aquel instante había estado vivo.

Solo había experimentado algo así una vez, y fue cuando los chubis lo secuestraron del parque y lo lanzaron con una transportesfera por el interior de *MADRE*.

Cuando caía hacia lo que creyó una muerte segura, Alex había sentido lo mismo: algo que solo se podía comparar con beber el agua más limpia, fría y cristalina directamente de un caño borboteante en el día más caluroso del año.

Aquello era felicidad pura, recién salida del horno.

Al mirar de reojo a los demás, vio en ellos la misma mirada tensa, la misma sonrisa incrédula que él llevaba en los labios.

«Quizá por esto nos eligieron. Porque, de algún modo, somos felices así», pensó Alex.

Apretó con fuerza la palanca de potencia, a pesar de que ya estaba a tope, intentando extraer una punta más de velocidad, y logró igualar el morro de la aeromoto con el de Maia, que iba ligeramente adelantada con respecto a los demás.

—¡Los estamos alcanzando! —gritó Tycho.

Los haces de luz de los faros comenzaban a acercarse al muro bullente de mowams, que al notar que sus perseguidores ganaban terreno intentaron acelerar el paso.

—¡Disparad! —gritó Maia.

Ella fue la primera en apretar el botón del *zapper*.

¡ZAP!

Esta vez no había fallo posible. Los mowams eran centenares, miles. El disparo dio en mitad de la masa repugnante, y abrió un agujero momentáneo. Se oyó un **¡pop!** que a Alex le recordó el ruido que hacen las burbujas de plástico para embalar cuando las explotas entre los dedos.

Al menos una de aquellas monstruosidades había sido destruida. Pero el agujero que se había abierto en la marabunta fue rellenado enseguida por los demás.

—¡Mi turno! —profirió Blop, apretando a su vez el botón de disparo. Justo en ese momento el túnel dio un fuerte viraje hacia la izquierda, y el **¡ZAP!** pasó rozando la aeromoto de Tycho, antes de golpear, infructuosamente, en la pared.

—¡Cuidado, Blop! ¡Casi nos das!

—¡Lo siento!

—Tengo una idea para evitar esto —dijo Alex por el intercomunicador—. Maia, tú que eres la mejor tiradora, colócate en el centro. Blop, tú a su izquierda, un poco adelantado. Yo a su derecha, también adelantado.

—¿Y yo? —preguntó Tycho.

—Como tú no vas a disparar, colócate detrás de Maia y estate atenta al recorrido del túnel. Ve avisándonos de hacia dónde son los giros.

Aquello era muy sensato, ya que de esa forma tenían muchas menos posibilidades de dispararse entre ellos y de estamparse contra las paredes.

Todos obedecieron al instante a Alex.

—¿Listos? —preguntó el humano cuando se alinearon siguiendo la formación que él había propuesto—. ¡Fuego!

En esta ocasión, los tres disparos dieron en el blanco. Los **¡pop! ¡pop! ¡pop! ¡pop!** fueron mucho más fuertes y continuados.

—¡Seguid disparando! —dijo Maia, al ver que la estrategia funcionaba.

Al igual que sus compañeros, Alex no dejaba de apre-

tar con el pulgar el botón del *zapper*. El sonido, parecido al de un inmenso paquete de palomitas puesto en el microondas, les indicaba cuándo acertaban.

De pronto, los mowams parecieron darse cuenta de que se habían convertido en una inmensa diana, y comenzaron a estirarse y a alargarse.

A adelantarse y a retrasarse.

Incluso a volver sobre sus pasos antes de seguir corriendo de nuevo en la misma dirección.

—¡¿Qué hacen?! —gritó Blop.

El muro sucio y negro que tenían enfrente se convirtió en un cilindro sucio y negro que tenían por delante, por arriba, por los lados y por detrás.

Tycho, que desde la retaguardia podía observar con mayor atención el comportamiento de los mowams, fue la primera en advertir el gran peligro en que se encontraban.

—¡Nos están rodeando!

—Son listos, los muy *flink* —dijo Maia.

A Alex le recordaron a las bandadas de pájaros, que, sin hablar, eran capaces de cambiar de dirección todos a la vez en pleno vuelo. Las aeromotos solo podían disparar hacia adelante, así que los mowams que estaban a los lados, por encima y por debajo de ellos estaban completamente a salvo de los cadetes. Cada vez había menos frente a ellos, y los *zappers* apenas encontraban su blanco.

—¡Tycho, informa! ¿Qué hacen? ¿Qué hacemos?

Cuando la tukxiana alzó la vista hacia el techo del túnel y vio lo que estaba ocurriendo, tuvo que ahogar un grito de puro terror.

LOS CAZADORES, CAZADOS

Los mowams habían comenzado a descender sobre ellos.

Aquellas ratas repulsivas habían empezado a agruparse sin dejar de correr, formando de nuevo el muro sucio y repugnante.

Solo que esta vez era como un gigantesco embudo que se estrechaba en torno a los cadetes.

—¡Están bajando! —gritó Tycho.

Por detrás de él, Havee había comenzado a gruñir y a tirar con fuerza de su uniforme.

Alex dejó de disparar (ya no tenía sentido, pues apenas quedaban monstruos delante de ellos) y se atrevió a alzar la vista también hacia la masa palpitante de ojos, cables y mandíbulas que crecía cada vez más y estrechaba el cerco por momentos.

Los mowams se retorcían, bullían y sobre todo chasqueaban aquellas temibles hojas de sierra que tenían por dientes, más cerca de sus cabezas a cada instante que pasaba.

En apenas unos segundos se habrían cerrado de nuevo. Y poco podrían hacer ellos con aquellas motos, que solo disparaban hacia adelante.

Muerto de miedo, Alex trató de pensar en cuál sería la mejor opción. Frenar y darse la vuelta era impensable. En el tiempo que les llevaría cambiar de sentido, los mowams habrían logrado cerrar el muro. De ellos no quedarían más que cuatro esqueletos y un plato volador.

«Si es que queda algo», pensó Alex.

La única salvación estaba hacia adelante. Para sobrevivir, tendrían que correr más que aquellos monstruos, completar el circuito y regresar a la salvación del muelle de estacionamiento.

«Si nos siguen los suficientes, igual hasta se comen a Diviak.»

Pero tenían un problema: los mowams eran casi tan rápidos como las aeromotos. Quizá más.

Pero no había otra salida.

Miró a Maia, y vio aterrorizado como las mandíbulas de un mowam se cerraban en el aire a escasos centímetros de su pelo. No se atrevió a mirar hacia arriba porque temía comprobar que estaban igual de cerca de él.

Ya sabía que sí. En su imaginación, ya oía el chasquido metálico.

—¡Volvamos! —gritó Maia.

—¡No! —dijo Alex—. ¡Tenemos que acelerar!

—¡Ya vamos al máximo, Alex!

—¡No hay otra opción! ¡Tenemos que llegar al muelle antes que ellos!

Maia lo comprendió, y también los demás.

—¡Vamos!

—¡No os separéis!

—¡Permaneced juntos!

Alex apretó con todas sus fuerzas el control de velocidad. Lo empujaba con tantas ganas que temió que se partiese. Trató

de controlar mejor la dirección, ajustarse lo más posible a los giros y cambios de los túneles, que cada vez eran más pronunciados.

«Tenemos que estar cerca de la salida —se dijo para infundirse valor—. Tenemos que estarlo.»

—¡Solo un poco más!

Poco a poco, las aeromotos comenzaron a ganarles terreno a los mowams. Muy poco, pero estos tuvieron que estirarse para continuar a la altura, y el peligro se redujo.

«Vamos a conseguirlo», pensó Alex.

—¡Solo un poco más! —repitió.

En ese momento, el túnel pareció ensancharse. Y frente a ellos, acercándose a toda velocidad, se abrieron ante ellos no una, ni dos, sino cinco bifurcaciones.

En la de la izquierda se intuía, más que verse, el resplandor que conducía a la salida.

Alex, que era el que iba más a la derecha, trató de maniobrar para tomar la bifurcación correcta, pero de pronto uno de los mowams, más rápido o más hambriento que los demás, logró saltar hasta la aeromoto y engancharse con las mandíbulas a su asiento.

Se quedó allí, agitándose, tratando de liberarse.

Alex, distraído por aquella amenaza que había estado a punto de llevarse un trozo de su cuerpo, no logró girar la aeromoto lo suficiente y tuvo que tomar la segunda bifurcación para no estrellarse contra la pared.

—¡Alex! ¡Vuelve! ¡No es por ahí!

Tarde.

—¡Te vas a perder! ¡No es por...!

La comunicación se cortó, pues ya debían de estar fuera del alcance del transmisor.

Alex ya había girado por el camino incorrecto, que era mucho más estrecho y revirado que los anteriores.

En comparación con el sacacorchos repleto de giros traicioneros y revueltas imposibles por el que ahora tenía que pilotar la aeromoto, el camino anterior le parecía ahora sencillo.

Alex no podía girar, ni darse la vuelta, ni siquiera suponiendo que lograse encontrar el camino de regreso. Los mowams, todos los mowams, habían detenido la persecución antes de entrar en el túnel iluminado.

Y ahora lo seguían todos a él.

UN PASAJERO INOPORTUNO

«Tengo que perderlos... pero... ¿cómo?»

No le quedaba más remedio que terminar de perderse él mismo. Eligió los caminos más complejos, las revueltas más difíciles, las bifurcaciones más peligrosas, en un intento de confundirlos, de que tardasen en descubrir por dónde había girado.

Estuvo a punto de acabar una docena de veces con el cráneo aplastado contra las paredes, pero funcionó.

Poco a poco, a los mowams les costaba más seguirlo, y se quedaban cada vez más rezagados, hasta que, al cabo de un buen rato, Alex sintió que ya no le perseguía nadie.

Casi nadie, al menos.

Cuando Alex se dio la vuelta, el mowam que había saltado a su moto seguía allí, enganchado con todas sus fuerzas. Unas peligrosas chispas saltaban del chasis y de los circuitos internos de la aeromoto cada vez que el bicho repulsivo se agitaba y se removía, al mismo tiempo que salía un humo cada vez más oscuro y amenazador.

«A saber qué sistemas vitales estará estropeando ese bicho. Si destroza el motor, me quedaré atrapado para siempre. Antes o después, me encontrarán.»

Alex gritó, agitó los brazos e insultó al monstruo de todas las formas que se le ocurrieron, pero este no se soltaba.

Por último, Alex redujo la velocidad hasta la mitad, se dio la vuelta e intentó patear al mowam en los ojos. Una, dos, tres veces. Era inútil, aquellas mandíbulas metálicas no se soltaban y cada vez salían más chispas.

Fue entonces cuando uno de los dos ionopropulsores falló.

Para que comprendas lo que ocurrió a continuación, imagina una barca. ¿Alguna vez has ido a remar en una? Claro que sí. Y sabes que las barcas tienen dos remos. Si remas solo con un remo, la barca empieza a girar sobre sí misma.

Ahora imagínate que esa barca va lanzada a trescientos kilómetros por hora por un túnel y que los ionopropulsores son los remos, y sabrás lo que le sucedió a la aeromoto de Alex. Privada de estabilidad, comenzó a girar sin control sobre sí misma, sin dejar de avanzar.

Ante todos aquellos giros, Alex se soltó de los controles, y quedó enganchado del asiento con las yemas de los dedos. A la misma altura del mowam, que seguía empeñado en su tenaz y estúpido deseo de comerse la aeromoto de un solo bocado.

Sin dejar de gritar, Alex intentó trepar por el chasis, tratando de alcanzar la palanca de potencia, que estaba a solo unos centímetros de sus manos. Tenía que frenar cuanto antes, porque había un desvío justo enfrente. Con la trayectoria que llevaban, la aeromoto se estrellaría.

Casi rozaba la palanca.

Solo necesitaba...

... estirarse...

... un...

... poco...

... más.

De pronto, Alex tuvo la idea de usar al mowam como taburete. A tientas, puso la planta del pie derecho sobre el rostro de la rata inmunda y se impulsó hacia arriba.

—¡Ahora!

Alex logró tirar de la palanca de potencia, pero el frenazo fue tan brusco y la trayectoria estaba tan desviada, que nada impediría que se estrellasen contra la pared.

Sin pensárselo dos veces, Alex saltó.

Intentó girar sobre sí mismo para absorber el impacto. Dio una vuelta tras otra hasta que logró detenerse.

El uniforme, fabricado en un material increíblemente resistente, ayudó mucho. De no haberlo llevado puesto, no lo habría contado.

Alex se puso en pie, sin poder creerse aún cuán afortunado había sido por no formar parte del amasijo de hierros humeantes en el que se había convertido la hermosa aeromoto, que ahora ardía en llamas azules a más de cien metros de donde él había aterrizado.

El niño se acercó, renqueante, a tiempo de oír un sonoro **¡pop!** cuando el mowam, que no debía de haber soltado su mordisco sobre la aeromoto ni cuando esta se estrelló, explotó con un sonido a mitad de camino entre un pedo y una palomita de maíz.

Alex se quedó mirando cómo el vehículo ardía durante mucho tiempo. No había nada que se pudiese rescatar del incendio.

No tenía ni medio de transporte, ni armas, ni comida.

Ni sabía dónde estaba.

Ni medio de encontrar su camino en la oscuridad.

«Bueno, las cosas no podrían estar peor», pensó.

Por supuesto, se equivocaba.

Pues fue entonces cuando los ojos aparecieron.

Centenares de ojos verdes, bizqueantes.

Rodeándolo.

LAS COSAS SIEMPRE PUEDEN ESTAR PEOR

Alex no trató de correr.

Estaban allí, cientos, miles de ojos, acechándolo en la oscuridad que lo envolvía.

Estaban a su izquierda y a su derecha, en los salientes metálicos de las paredes del túnel e incluso por encima, colgando del techo. Lo rodeaban por todas partes.

Había tantos que los dientes de sierra sonaban como un chirrido, de lo fuerte que los apretaban.

Pero Alex no.

No tenía sentido, había visto la velocidad que aquellas cosas eran capaces de alcanzar. Si podían competir en velocidad con una aeromoto, no se escaparía de ellos corriendo.

A pesar del miedo que sentía, no dejó que este lo dominase.

No era más rápido que ellos. Ni tampoco más fuerte. Quizá podría con uno o dos, pero eran cientos. Demasiados como para abrirse paso peleando.

Tendría que ser más listo que ellos.

Alex vio que ninguno de ellos llegaba a entrar en el círculo de luz que creaban las llamas azuladas. Al borde de ese círculo, los que iban delante intentaban retroceder, mientras que los de atrás empujaban a los de delante, intentando que fuesen ellos los que se lanzasen al ataque.

Mientras los restos de la aeromoto siguiesen ardiendo, no se atreverían a acercarse más.

Pero las llamas no durarían eternamente. Antes o después, el fuego se apagaría, y ya no habría manera de detenerlas.

«Tengo que escapar, como sea —pensó—. Si me quedo aquí, estoy perdido.»

Tuvo una idea. Se acercó a la aeromoto, tapándose la cara para protegerse del calor de las llamas, y arrancó uno de los trozos del fuselaje. Un pedazo alargado e irregular, cuya punta estaba cubierta de cables y tubos ardiendo.

Lo cogió con ambas manos, a modo de improvisada antorcha, y lo acercó hasta la masa de mowams que esperaban, ansiosos, en la menguante frontera entre la luz y la oscuridad.

Varios retrocedieron.

Alex tomó una decisión.

Dio un paso hacia adelante. Y luego, otro, siempre sosteniendo la antorcha frente a él.

Se abrió un hueco entre la masa de ratas.

Uno pequeño, de apenas un metro de diámetro.

Tendría que bastar.

No dejó de avanzar hasta que hubo abandonado por completo la seguridad del amplio rastro de luz de la aeromoto en llamas. La había cambiado por un minúsculo parche en mitad de la nada.

Siguió caminando.

Los mowams abrían un sendero a su paso, un sendero que volvía a cerrarse en cuanto Alex avanzaba.

Preocupado, miró al extremo de la pieza del fuselaje. Las llamas eran cada vez más pequeñas, y menguaban más a medida que los cables y los tubos se consumían, dejando caer gotas pegajosas y malolientes al suelo.

Una le cayó a Alex en los dedos. Sintió un dolor agudo, pero no le prestó atención. Otra cayó sobre los ojos de un mowam que se había acercado demasiado, y este emitió un sonido de rabia, como el de una puerta que chirría por falta de aceite, antes de huir en la oscuridad.

Alex siguió caminando.

Y la masa de mowams se movía con él.

El niño sabía que solo estaba ganando algo de tiempo. Que la antorcha no duraría encendida lo suficiente como para que él lograse regresar a la seguridad del muelle.

Al cabo de pocos minutos, las llamas se quedarían sin tubos que quemar.

Y entonces saltarían sobre él.

—No importa —dijo—. No pienso rendirme sin luchar. ¿Me oís, bichos asquerosos? ¡No pienso rendirme!

La voz de Alex resonó con claridad en el túnel, rebotando en las paredes, amplificada una decena de veces.

Los mowams replicaron con un cloqueo aterrador, infernal. Era como el goteo de un grifo que pierde agua de madrugada. Salvo que el grifo no puede devorarte cuando la luz se apaga.

El niño tardó un poco en comprender qué significaba.

Se estaban riendo.

—No pienso rendirme —repitió, con un hilo de voz.

Siguió caminando hacia ninguna parte, hasta perder de vista los restos calcinados de la aeromoto.

A la antorcha le quedaba cada vez menos combustible, su luz se iba volviendo mortecina, y las llamas se escondían, perezosas y agotadas.

Los mowams se iban envalentonando. Uno de ellos le rozó la bota a Alex, y este se volvió y le propinó tal patada que lo mandó por encima de los demás monstruos.

Los mowams volvieron a emitir su cloqueo-risa.

La antorcha se apagaba.

Los mowams reían.

Habían ganado.

Alex respiró hondo.

Todo había terminado.

Aferró con fuerza la pieza de metal, dispuesto a emplearla como cachiporra y llevarse por delante a todos los que pudiera antes de...

[18]

UN EXTRAÑO ALIADO

CIERRA LOS OJOS.

La voz era suave y a la vez profunda. Cálida y a la vez grave. Masculina y femenina. Calmada y apremiante. Un susurro y un grito. Distinta de todo lo que Alex había escuchado antes.

Se dio la vuelta, pues creía que la voz había hablado a su espalda. Pero allí no había nada, solo centenares de mandíbulas de metal esperando a devorarlo. Al igual que delante y a los lados.

—¿Quién ha dicho eso?

CIERRA LOS OJOS.
NO TENGAS MIEDO.
TODO HABRÁ TERMINADO MUY PRONTO.

—¿Quién eres?

Alex volvió a girarse, a mirar a todos lados, pero allí no había nadie.

Nadie.

Alex miró la antorcha, en cuyo extremo bailaba una llamita, pequeña como una hoja, que ya languidecía, a punto de morir.

No tenía otra opción.

Cerró los ojos en el mismo instante en que la llama se apagaba, en el mismo instante en que la oscuridad se cerraba, en el mismo instante en que los mowams saltaban hacia él.

Alex no sintió los dientes afilados cerrándose sobre su carne, como había temido. Solo sintió frío, un frío intenso en la cara y en los dedos, y un silencio profundo.

Un silencio tan intenso que Alex podía oír su respiración, los latidos de su corazón, la sangre corriendo por sus venas, como cuando metes la cabeza debajo del agua en la bañera.

Solo duró un instante.

Como una ventana que se cierra de golpe, las extrañas sensaciones desaparecieron.

Los sonidos normales del túnel regresaron, incluyendo esta vez el ruido de miles de repugnantes patas que se alejaban.

Alex se atrevió a abrir los ojos.

Estaba solo.

Casi.

Había un único mowam delante de él. A diferencia de los otros, cuyos cuerpos parecían estar compuestos de un amasijo de cables y restos de color negro, este era de un blanco inmaculado. Brillaba en la oscuridad con una luz muy delicada y a la vez tangible. En el lugar donde los otros tenían los ojos, este tenía cuencas vacías, cubiertas por una fina tela de araña.

Alex arrojó la ya inútil antorcha al suelo y se arrodilló para ponerse a la altura del mowam blanco.

—Has sido tú quien ha hecho huir a los demás, ¿verdad?

No hubo respuesta, aunque Alex creyó ver un leve parpadeo en la luz que emanaba la criatura.

—Bueno, si has sido tú, gracias —dijo el humano—. Oye, por casualidad no sabrás cómo... ¡eh!

Mientras Alex hablaba, el mowam se había alejado varios metros.

—¡Vuelve! —gritó Alex.

Pero el extraño ser seguía avanzando, cada vez más deprisa, como si llegase tarde a algún sitio. Alex comenzó a correr detrás de él, hacia un segmento de la pared aparentemente igual que todos los demás.

De pronto el mowam desapareció, y lo dejó sumido de nuevo en la oscuridad.

—¡Oye! ¡Vuelve aquí! ¡No me dejes, te necesito para regresar!

Alex golpeó el mamparo varias veces, completamente a ciegas.

«Piensa. Piensa un poco —se dijo—. Tiene que haber una entrada o una puerta por alguna parte.»

Tanteó, rebuscó con los dedos, y pateó a lo largo

y ancho del lugar donde creía haber visto desaparecer al mowam.

Nada.

«Espera un momento... Quizá, si vuelvo a cerrar los ojos...»

A través de los párpados cerrados, Alex percibió una zona de la pared del túnel donde había una puerta. No sabía cómo la había percibido, pero lo estaba haciendo. No abrió los ojos, sino que se limitó a gatear a través de ella.

Alex emergió al otro lado de la pared, en una especie de respiradero en el que apenas cabía a cuatro patas.

Había humedad en las paredes, y el metal bajo las yemas de sus dedos era distinto, más rugoso. Casi parecía...

Vivo.

«Estoy en las entrañas de *MADRE*», pensó.

A su lado estaba el mowam blanco. No había salido de ninguna parte; simplemente estaba. Un instante antes no estaba, y ahora sí.

La extraña criatura comen-

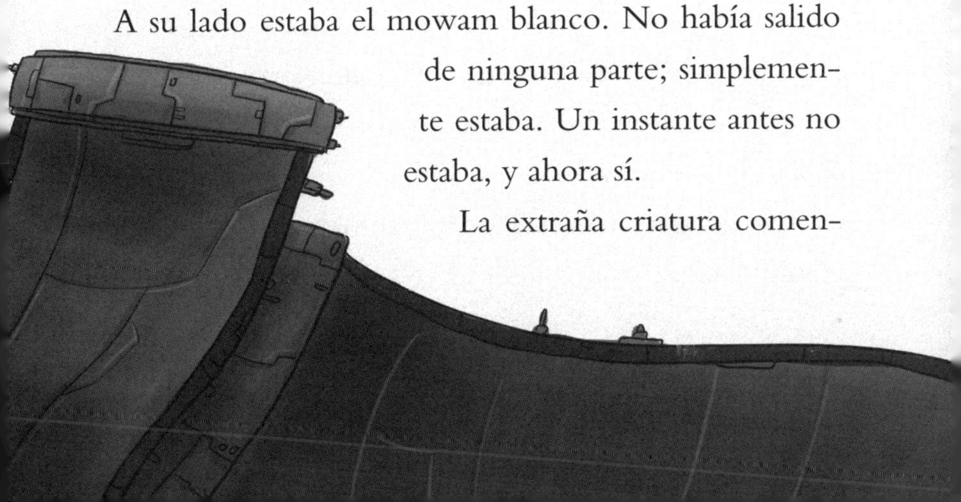

zó a caminar por el pasadizo, sin preocuparse por si Alex la seguía.

Pero por supuesto que el humano lo siguió, ¿qué otra cosa podía hacer?

El mowam iba a su propio y cambiante ritmo. A veces tan rápido que Alex se destrozaba las rodillas intentando no perderlo de vista, y a veces tan lento que parecía simplemente estar parado.

Pero nunca dudaba del camino.

¡Y qué camino, secreto y asombroso, el que Alex recorrió siguiendo al mowam blanco!

Qué camino.

Alex no veía nada a través de las paredes del minúsculo e interminable tubo que recorrían, pero cuando estaba cerca de la extraña criatura y cerraba los ojos era como si pudiese percibir con el resto de los sentidos qué era lo que había al otro lado.

Salas y más salas repletas de dinamos, baterías, calderas, circuitos y relés que funcionaban sin descanso, que se detenían y se activaban, que humeaban, traqueteaban, siseaban, gorgoteaban, silbaban, explotaban, ronroneaban y chisporroteaban.

Criaturas innombrables, razas inexplicables, androides cantarines, chubis y más chubis que hacían un alto en sus tareas y señalaban en su dirección cuando él pasaba, aunque estaba al otro lado de una gruesa plancha metálica.

«Ellos también pueden verme... ¿Explicará eso que los chubis tampoco tengan ojos? Presiento que hay una relación entre ellos y el mowam blanco...»

Alex percibió, a través de la piel y del oído y de la punta de la lengua, imagen tras imagen de los moradores del corazón de la nave, aquellos a los que ni los cadetes, ni los profesores, ni siquiera Bardurian o el capitán Churé conocerían jamás.

Estaba seguro (de nuevo, no porque nadie se lo dijese, sino porque simplemente lo sabía) de que muchas de aquellas especies habían dejado de existir en el Universo hacía mucho tiempo. Ninguna de ellas aparecería en la holoenciclopedia de bioformas. Nadie sabría jamás de su existencia, ni de cómo dedicaban su vida al funcionamiento de *MADRE*.

Quizá nadie las había visto antes: Alex estaba convencido de que nadie había visitado antes aquellos pasadizos por los que reptaba, gateaba y se escurría.

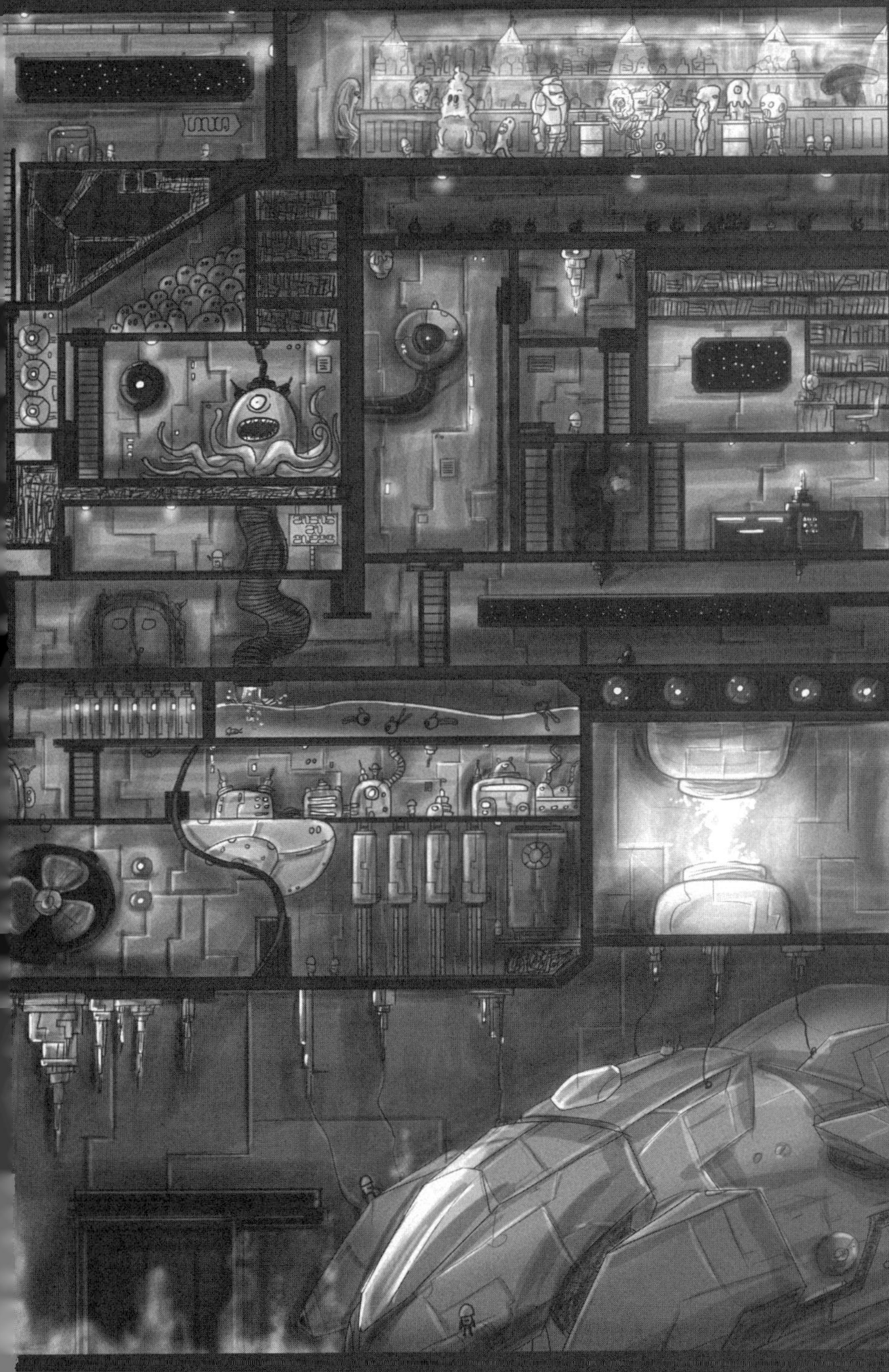

Sintió lágrimas (de agradecimiento, quizá) que rodaban por sus mejillas, pero no dejó de avanzar. Por absurdo que pareciese, mientras el mowam blanco estaba cerca, Alex podía gatear mucho, muchísimo más rápido, siempre que tuviese los ojos cerrados.

Iba más deprisa que si caminase, e incluso que si corriese. Iba tan deprisa que las punteras de sus botas empezaron a humear por la fricción, que las palmas de sus guantes empezaron a caerse a pedazos, que las rodilleras de su uniforme se convirtieron en ceniza.

Pero su piel siguió intacta.

De pronto, el mowam blanco se detuvo.

—¿Qué ocurre? —preguntó Alex, abriendo los ojos.

La extraña criatura volvió hacia él los suyos, ciegos y vacíos, y dejó de estar a su lado.

No corrió ni se marchó, pero tampoco se esfumó.

Simplemente, dejó de estar.

UNA RENDIJA

—¡Eh! ¡Amigo! ¡Vuelve!

Alex llamó y llamó hasta que le dolió la garganta, pero fue inútil.

«¿Se habrá enfadado conmigo por haber abierto los ojos?»

Volvió a cerrarlos, volvió a llamar al mowam blanco, pero este no apareció por ninguna parte. La increíble capacidad de percepción que Alex había experimentado mientras estaba a su lado también había desaparecido con él.

Alex volvía a ser un niño perdido en la oscuridad.

«Tiene que haberme traído a este lugar por alguna razón.»

Volvió a buscar a su alrededor, y de pronto encontró

un punto del pasadizo por el que asomaba una tenue rendija de luz.

—¡Lo sabía! ¡Aquí hay algo!

En aquel punto el mamparo estaba mal sellado, o quizá había sido una rejilla de ventilación en un pasado remoto. Lo importante era que cedía, y que había luz al otro lado.

Alex pateó el mamparo varias veces. Estaba comenzando a abrirse una sección lo bastante grande como para que él pudiese atravesarla.

Pero justo entonces los chubis decidieron aparecer por un recodo del pasadizo, armados con diminutos pernios y soldadores, ¡y comenzaron a sellar el mamparo por el que Alex intentaba escapar!

—¡No! ¡No lo arregléis! ¡Esperad a que salga!

No sirvió de nada. Uno de ellos se volvió hacia Alex, soldador en mano, y le reconvino con un fuerte **CHUB-CHUB**.

—Encima me riñen. ¡Parad! ¿Así me agradecéis que haya ido al servicio de limpieza para evitar que se os coman los mowams?

Los chubis no le hicieron ni caso, y siguieron trabajando. Esa era su labor, al fin y al cabo: arreglar lo que estaba roto.

A Alex no le quedó otra opción que patear con más fuerza el mamparo (y debo reconocer que alguna patada se le escapó en la cabeza de los chubis, y que no fue del todo un accidente), en una carrera frenética contra los chubis.

Y por fin, con una última patada, el mamparo cayó.

Alex le dio tan fuerte que perdió el equilibrio y se encontró colgando de las yemas de los dedos a tres metros del suelo.

«¿Dónde estoy?»

Bajo él había una gran maraña de gruesos tubos que se enroscaban sobre sí mismos, cruzándose con decenas más, hasta conducir a una enorme estructura con una extraña forma cilíndrica.

«Sea donde sea, hay luz. Antes o después encontraré una parada de transportesfera, o a alguien que me diga cómo volver con los demás.»

Se dejó caer sobre los tubos de debajo y acabó hecho un ovillo sobre ellos. El golpe fue tan fuerte que quedó atontado unos instantes.

Fue entonces cuando la vio.

Incluso de espaldas no le costó nada reconocer a la profesora Banxyn. Su silueta regordeta sobre aquellas patas de cangrejo era inconfundible.

Estaba inclinada sobre el lateral de la estructura cilíndrica.

Alex se puso en pie y se acercó a ella.

—¡Profesora! No sabe cuánto me alegro de verl...

El saludo murió en sus labios cuando vio lo que la profesora Banxyn estaba haciendo. Usaba una especie de herramienta de corte hecha de energía para rajar las conexiones de los tubos con la estructura cilíndrica. Con cada corte que hacía, una fina y espesa nube de humo azulado brotaba de los tubos. Banxyn cortaba con cuidado, y en cuanto comenzaba a salir el vapor apartaba las manos a toda prisa, como si tuviera miedo de quemarse.

Alex abrió mucho los ojos.

De pronto comprendió lo que era aquel lugar.

De alguna forma, el pasadizo lo había conducido hasta el motor interdimensional, el dispositivo que permitía a *MADRE* viajar por los agujeros de gusano a través del Universo.

El mismo motor interdimensional que estaban saboteando incluso desde antes de que el propio Alex llegase a la nave.

El mismo motor interdimensional que estaba saboteando un zarkiano, que había subido a bordo bajo la apariencia de una adorable profesora de bioformas.

Banxyn era el zarkiano infiltrado.

NO HAS COMPRENDIDO NADA

La profesora Banxyn interrumpió su maligna tarea y se volvió hacia él, sin dejar de sonreír bondadosamente.

—Hola, Alex Colt. Yo también me alegro mucho de verte.

Alex comenzó a retroceder, poco a poco.

—Verá, profesora —dijo, intentando ganar tiempo para pensar—, no puedo quedarme mucho tiempo, solo he venido a traerle un mensaje del profesor Diviak. Dice que viene para acá a ayudarla.

La profesora soltó una carcajada.

—Diviak está muy ocupado organizando una batida de rescate para encontrarte. Y tus amigos, también. No vendrá nadie a ayudarte, Alex Colt. Todo el mundo cree que ahora eres caca de mowam. Lo cual es muy práctico, porque así podré hacer contigo lo que planeo desde hace mucho tiempo —dijo Banxyn, avanzando hacia él.

Alex intentó correr hacia donde intuía que estaba la salida, al otro extremo del motor interdimensional, pero la profesora le cortó el paso.

«Para estar tan gorda, es increíblemente rápida.»

—Dime, Alex Colt... ¿Te gustó el regalo que te preparé? ¿No sentiste nada especial cuando esa bestia te arrancó los brazos?

El muchacho trató de ir hacia el lado contrario, para que el motor estuviese entre ambos, pero Banxyn correteaba con sus seis patas sobre los tubos, mucho más deprisa que Alex. Este tenía que caminar de espaldas, y no paraba de tropezar y trastabillar.

—No se saldrá con la suya —dijo, intentando buscar una forma de escapar, un arma, lo que fuese. No había nada.

Banxyn rio una vez más. Tenía una risa agradable y hermosa. Una risa de buena persona.

—Pues claro que me saldré con la mía. Ya he ganado. He retrasado lo suficiente a esta maldita antigualla como para que se cumplan mis planes.

Dio un giro cerrado y acorraló aún más a Alex. Este cayó de espaldas y se vio obligado a gatear hacia atrás, hasta que su espalda dio con el motor y ya no pudo gatear más.

—¿Va... va a matarme con eso?

Banxyn miró con extrañeza la herramienta de energía que tenía en la mano, como si la viese por primera vez.

—¿Esto? No, esto no es nada —dijo, y arrojó la herramienta lejos—. ¿De verdad no has comprendido lo que va a ocurrir ahora?

—¿Me va a hacer un examen? —preguntó Alex, sin dejar de tantear junto a él en busca de cualquier cosa que pudiera servirle para defenderse.

Banxyn se rio una tercera vez.

—No me lo puedo creer. La verdad es que me has sorprendido, Alex Colt. Es una pena no poder quedarme hablando más tiempo contigo...

Mientras hablaba, el rostro de Banxyn se fue difuminando, y perdió sus rasgos característicos, al igual que lo hizo su cuerpo. Su duro cuerpo de crustáceo, sus patas de cangrejo, sus brazos regordetes..., todo se fundió en una masa de un amarillo radiactivo, translúcida y letal, que desprendía un olor nauseabundo.

¡Qué ironía que hubiera sido la profesora Banxyn quien les enseñase la figura de un zarkiano en la holopizarra! Desde luego que no le hacía justicia.

Aquel engendro era mucho mucho más feo.

—... pero ahora tienes que cumplir tu destino, Alex Colt —añadió el zarkiano.

Su voz había dejado de ser amable y bondadosa, y había adoptado un tono monocorde y gélido, antiguo y frío como el espacio mismo.

El zarkiano avanzó hacia Alex, con los brazos por delante, tratando de agarrarlo.

En ese momento, Alex, actuando por puro instinto, pegó un codazo a uno de los tubos que Banxyn había rajado unos minutos antes, y lo partió del todo.

«¿Tenías miedo de quemarte con esto? ¡Pues toma!»

Cogió el extremo del tubo, que no paraba de soltar vapor azulado a muchísima presión, y lo apuntó a la cara del zarkiano.

El vapor impactó en el rostro del engendro, que soltó un aullido de dolor que le puso los pelos de punta a Alex. Habría de pasarse el resto de su vida recordando con espanto ese terrible sonido en sus pesadillas.

En el lugar donde el vapor había tocado el rostro y las manos del zarkiano habían aparecido unas manchas negras y aceitosas que chorreaban en el suelo y dejaban unos charcos humeantes y pestilentes.

A pesar de sus terribles heridas, el engendro aún no estaba derrotado del todo. Porque es muy muy difícil matar a un zarkiano. Tienes que impactar en su módulo neurálgico.

Pero Alex no disponía de ninguna arma con la que hacerlo.

Y el zarkiano volvía a tender los brazos hacia él.

—¡Cadete! ¡Agáchese! —dijo a su espalda una voz conocida.

No tuvo tiempo de hacerlo. El destello de un *zapper* pasó por encima de su cabeza, pero no llegó a impactar en el zarkiano, pues este lo esquivó con habilidad.

Sin dejar de aullar (aunque ahora la rabia había sustituido al dolor), el zarkiano echó a correr con una velocidad pasmosa. Trepó por la pared como si fuese una araña, y desapareció por el mismo mamparo que Alex había arrancado a patadas.

Ofuscado, Diviak (pues era él quien había disparado)

se quedó mirando el agujero por el que había huido el zarkiano. Meneó la cabeza.

—Así que era por ahí por donde entraba. Y nosotros volviéndonos locosss con guardiasss en todas las puertasss.

—¿No va a perseguirlo? —preguntó Alex, y se acercó a él.

—No quepo por esos pasadizosss, son demasiado estrechosss —respondió el sisseliano—. Solo alguien muy pequeño lo lograría —añadió, y miró a Alex.

—O alguien que pueda cambiar de forma —replicó Alex.

—Por suerte, eso se le ha acabado. Sus heridas son demasiado grandesss, no podrá transformarse de nuevo. Tendrá que permanecer con su forma zarkiana. Aun así, es increíblemente peligroso. Tendremos que encontrarlo como sea.

—Quizá los mowams nos hagan el favor.

—Quizásss —asintió Diviak pensativo—. Pero no cuento mucho con ello. Ni siquiera han podido comerse a un molesto cadete de primer año. Ya no puede uno confiar ni en las alimañasss.

Alex se echó a reír, aunque no fue una risa de alegría. No terminaba de saber si Diviak estaba hablando en serio o no.

—Por cierto, ¿cómo ha sabido que estaba aquí?

—Eso agradézcaselo a ellosss —respondió el profesor, y señaló detrás de Alex.

Allí estaban, los cuatro.

Alex corrió hacia ellos y se fundieron en un abrazo. Bueno, Blop le abrazaba la cabeza, Havee las piernas, y Maia y Tycho lo estrujaban por los lados, pero hicieron lo que pudieron.

Lo que, dadas las diferencias de tamaño y de especie, ya fue mucho.

—Pero... ¿cómo me habéis encontrado?

—Eso, agradéceselo a Tycho —dijo Maia, y empujó a esta hacia Alex.

Tycho, completamente amarilla (que es como se ruborizan los tukxianos), agachó la cabeza, fingiendo estudiarse los pies.

—Verás... Los chubis me han hablado.

—¿Entiendes a esas setas odiosas? ¡Pero si nadie las comprende!

—Bueno, no todo; es decir, son muy suyos y no siempre lo capto todo, pero esta vez querían que los entendiese. Han salido unos cuantos en el muelle y me han dicho que viniésemos corriendo.

—Lo peor ha sido convencer a Diviak de que ella no está completamente loca —explicó Blop—. Eso ha sido cosa de Maia. Se ha llevado aparte a Diviak y le ha dicho algo. No sé cómo, pero ella lo ha convencido. ¿Qué le has dicho? ¿Tienes algún secreto de su pasado que no nos hayas contado?

—Nada importante —respondió Maia, y cambió rápidamente de tema—. Ha sido Blop quien ha conseguido unas cuantas transportesferas mientras yo hablaba con él.

—Os debo la vida a todos —dijo Alex muy emocionado—. Gracias, de verdad.

—Somos nosotros quienes te la debemos a ti. De no habernos dado la orden de seguir adelante en el túnel, ahora seríamos todos *flink* de mowam.

—Es curioso... Lo mismo me ha dicho Banxyn. Pero

ella, o él, o lo que fuese, sí que ha podido decir la palabrota.

—¿Qué más te ha dicho?

—Algo que no he entendido. Algo sobre que había retrasado a *MADRE* lo suficiente como para que se cumpliesen sus planes.

—¿Qué significará?

—Nada bueno —respondió Diviak—. Así que debemos reparar el motor dimensional cuanto antes.

—Bueno —dijo Blop, sacando una galleta de VantriCao—. Mi intuición me dice que ahora todo va a ir bien... Mejor que bien.

EPÍLOGO

BORDE EXTERIOR DEL SISTEMA SOLAR A SEIS MILLONES DE KILÓMETROS DE PLUTÓN

El racimotransporte zarkiano salió del agujero de gusano y activó inmediatamente el sistema de camuflaje.

Ahora todo dependía del sigilo. Estaban lejos del alcance de los sensores de aquella molesta nave de la Confederación, aquella reliquia que los Eternos habían dejado tras de sí antes de que los aniquilara.

El Zark, pues todos los zarkianos son el Zark, y el Zark es todos los zarkianos, mantuvo una conversación consigo mismo.

—Tiempo a destino, tres ciclos y contando.

—Sistemas de incubación de bulbos, en marcha.

—Tiempo estimado hasta la destrucción de *MADRE*, tres coma un ciclos y contando.

—Un único planeta con vida en el sistema. El tercero en cercanía a la estrella.

—Detectadas emisiones de radio y televisión procedentes del planeta. Descodificando. Traduciendo.

—Detectada presencia de vida semiinteligente. Sus primitivos habitantes llaman al planeta *Tierra*.

—El planeta al que sus habitantes llaman *Tierra* carece de flota espacial y de escudos de antimateria.

—Sistema de aniquilación planetaria, activado.

—Tiempo estimado para la destrucción del planeta al que llaman *Tierra*, cuatro ciclos y contando.

NOSOTROS TE AVISAMOS

Te has quedado de piedra, ¿verdad? Puedo verte. Tienes los ojos como platos, la respiración acelerada, y el miedo invade todo tu cuerpo.

Así es... ¡Los zarkianos han llegado al Sistema Solar, dispuestos a destruir la Tierra y a todos sus habitantes!

Te avisé de que no debías empezar a leer este libro, pero no me hiciste caso. Y ahora crees que has descubierto la verdad, pero créeme... Ni siquiera has empezado a rascar la superficie.

Los misterios que rodean a Alex apenas han empezado a desvelarse.

Sé que necesitas saber qué va a pasar ahora. Sé que querrías que este libro tuviese más páginas.

Pero no sufras...

¡ALEX COLT REGRESARÁ!

PERSONAJES PRINCIPALES

ALEX COLT

El protagonista de nuestra historia es un niño humano de trece años, algo tímido pero valiente y bondadoso. Alex nunca conoció a sus padres y desconoce todo acerca de su origen. Odia a los chubis desde que lo secuestraron, pero odia aún más estar solo. Es un líder natural para los cadetes marginados como Blop, Tycho y Havee. Solo Maia, su mejor amiga, tiene problemas para aceptar que la impulsividad de Alex a veces lleva a buen puerto.

MAIA LA ANTAREANA

Maia es una chica valiente y misteriosa de piel de un azul blanquecino. Nunca habla de su vida anterior en el planeta Antares.
Los antareanos son una raza de nobles, altivos y orgullosos guerreros. Su lenguaje no está compuesto por sílabas, sino por notas musicales.
Excelente tiradora y artillera, Maia tiende a tomarse muy en serio a sí misma y a las normas. Es un poco estirada, también.

BLOP, EL CAMLOREANO

Empollón, sabelotodo y el que con toda seguridad se va a comer tu última galleta de VantriCao, patoso, metepatas y una fuente inagotable de diversión. Ese es Blop.

Tiene una memoria fotográfica y hasta la última célula de su cuerpo es un almacén de información. Procedente de una civilización tan avanzada que se han convertido en cerebro puro, Blop necesita desplazarse de un lado a otro utilizando un aerodeslizador. Su lentitud no se aplica en la Gran Cantina ni a la hora de levantar la mano en clase.

Blop es un excelente navegante y siempre tiene una respuesta a las preguntas, aunque nunca sea la que te gustaría escuchar.

TYCHO, LA TUKXIANA

Tycho es alegre y divertida, confiable y puro corazón. Es la amiga de clase a la que le pedirías los apuntes, y la que te llevaría un caldo de dinopollo si estás enfermo.

Como todos los tukxianos al nacer, Tycho posee a la vez los dos sexos, el masculino y el femenino. Al llegar a la adolescencia (unos cien años humanos) los tukxianos escogen qué es lo que quieren ser. Tycho es el centro espiritual del grupo y la que media en todas las disputas, siempre cuidando de todos. Su fuerte son las comunicaciones y domina un idioma en pocas horas incluso sin la ayuda del Chip Transcerebral.

HAVEE, EL MULKACHIANO

Probablemente el único cadete más pequeño que Alex a bordo de *MADRE*. Pero que eso no os engañe. Havee no es alguien con quien se pueda bromear o a quien quieras ver enfadado. Pacíficos pero despiadados, los mulkachianos viven en ciudades excavadas en el hielo, y han evolucionado para ser capaces de transformarse en enormes bestias de fuerza descomunal. A pesar de poseer uno de los idiomas y una de las literaturas más ricas del Universo, sólo se comunican por gestos.

Havee es la fuerza bruta del equipo y aunque emplee su forma adorable la mayor parte del tiempo, su mera presencia impone respeto a los rivales. Su fuerte son los motores: es capaz de arreglar cualquier cosa que se haya estropeado.

RAGANT, EL RIGELIANO

Ragant es vanidoso, altanero y extremadamente competitivo. Es el perfecto cachas de la escuela, solo que con medio cerebro en lugar de un cuarto. El sistema de origen de los rigelianos es un lugar superpoblado, dominado por enormes corporaciones que controlan sus medios de comunicación. Sus enormes avances tecnológicos y unas leyes estrictas garantizan a todos sus habitantes comida y un techo, pero los lujos y el reconocimiento se conquistan por los méritos individuales de cualquier tipo. Hagan lo que hagan, tienen que ser el mejor en ello.

HUGUCKS, EL SUBLIANO

Digámoslo así: Hugucks no es el más brillante de los cadetes a bordo de *MADRE*. En otras palabras, es más tonto que un ladrillo.

Los sublianos son una raza de felinos acostumbrada a la caza y la minería. Aunque son excelentes mecánicos, no les pidas que se aprendan de memoria la tabla del nueve. Hace todo el trabajo sucio de Ragant el rigeliano, por quien siente una incomprensible admiración.

KLITIZZIL

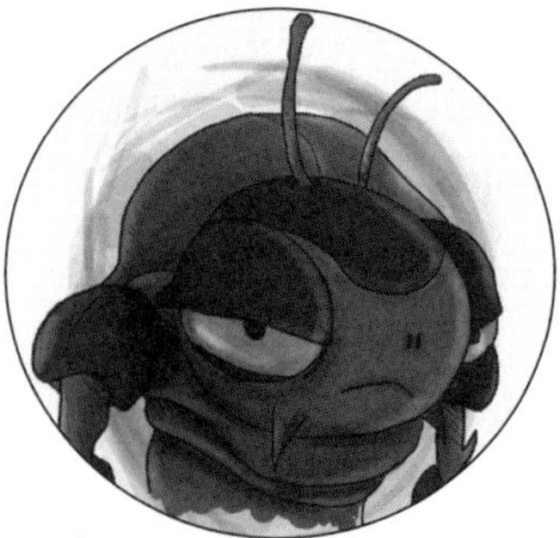

Los insectoides del planeta de Klitizzil no revelan jamás el nombre de su raza ni el de su planeta. Su lenguaje indescifrable está basado en los sonidos que produce el roce de sus elitros entre si. Son capaces de comprimir su cuerpo igual que las cucarachas, para introducirse por cualquier rendija. Son excelentes espías, comerciantes y banqueros.

UBO, EL MOLTIANO

Procedente del planeta Molt, un mundo completamente cubierto por vegetación, Ubo es un gorila gigante que se comunica empleando sonidos guturales.

Los moltianos son inteligentes, aunque brutales. Tienen un rechazo visceral hacia todo lo que sea mecánico o electrónico, y su religión prohíbe cualquier herramienta que sea más evolucionada que un hacha de sílex atada con cuerdas. Eso sí, menudas hachas hacen después de tantos siglos sin fabricar otra cosa.

SEESKA, LA ANDORIANA

Tramposa, pendenciera e impredecible, está acostumbrada a salirse siempre con la suya.

Odia a Maia con todas sus fuerzas. Enemigos ancestrales de los antareanos, los andorianos proceden de un planeta con escasos recursos naturales, a diferencia del rico y próspero sistema de Antares. Toda una tradición de piratas, contrabandistas y saqueadores corre por la sangre magenta de Seeska. Traicionera y marrullera, es una excelente luchadora en el cuerpo a cuerpo y con armas a distancia.

PROFESOR BARDURIAN

El profesor Bardurian es el ser más sabio a bordo de Nave, un ciego con el don de la profecía, o un viejo chalado que siempre anda buscando sus zapatillas. Todo depende de a quién le preguntes. Ha entrenado a miles de promociones de cadetes, y lleva aún más tiempo estudiando la leyenda de Los Eternos. Procedente como ellos de un planeta arrasado por los zarkianos, es el último superviviente de su raza.

Bardurian mantiene desde hace muchos siglos una tensa relación con el capitán Churé: los hay que creen que la escuela debería militarizarse y no perder tanto tiempo —según el punto de vista de Strogonar— en asignaturas como UniHistoria, que es casualmente la que imparte Bardurian.

PROFESOR DIVIAK

Los alumnos llaman a su clase cariñosamente MultiCom, abreviatura de Combate Multidisciplinar.

Diviak es un sisseliano, planeta de mercenarios y asesinos. Ahora Diviak debe pagar un antiguo error trabajando para Bardurian, aunque su orgullo de asesino sueña con completar el trabajo.

Con él aprenderás a defenderte del ataque de siete zarkianos armado solo con una cuchara o morirás en el intento. Es la asignatura favorita de Maia (y la que más odia Blop).

PROFESORA K'SEEA

Es curioso que sea alguien como la profesora K'Seea quien enseñe Astro (que es como los cadetes simplifican el nombre completo de su asignatura: Teoría General de la AstroNavegación y del desplazamiento entre los Cuerpos Celestes).

Es curioso porque la profesora K'Seea es un pez. O mejor dicho, tres peces. Tres peces con una mente unificada, flotando en una pecera sobre una estructura robótica.

La asignatura de K'Seea puede ser una bendición para alguien como Blop, que tiene un cerebro con memoria fotográfica, o una tortura para alguien como Alex, que prefiere la acción a hincar los codos. Es la asignatura favorita de Blop.

SARGENTO STROGONAR

Solo hay algo a lo que los cadetes espaciales teman más que al impacto directo de un misil zarkiano, y es al sargento Strogonar, el brazo derecho del capitán Churé. La pesadilla de los novatos, el azote de los débiles y de los que flaquean, Strogonar es un grokoliano de pura cepa. La ferocidad de los grokolianos defendiendo su hogar es legendaria. Incansable, irascible y aterrador, Strogonar perdió un ojo y seis dedos de una mano en el Asedio de *Kalafen VII*, resistiendo él solo en una posición elevada contra toda una horda de zarkianos, «sin más ayuda que un zapper descargado, seis picogranadas y un bocadillo de whappels», como le gusta repetir cada media hora, más o menos.

MADRE

MADRE es una nave sentiente de cinco millones de años de antigüedad, capaz de ir de un extremo al otro del Universo Conocido en tan solo quince saltos: una décima parte de lo que tardaría la nave más avanzada de la Confederación. Es el cenit de la tecnología de Los Eternos, su último regalo a la Confederación y la última esperanza del Universo en su lucha contra el Zark.

LOS CHUBIS

MADRE es un organismo vivo, y todo organismo vivo tiene dentro de él células que mantienen sus órganos funcionando. Eso son los chubis, los glóbulos rojos de *MADRE*. O, en este caso, los glóbulos color pistacho.

EL UNIVERSO

La forma del Universo no es la que tú crees. Tal y como le explicarán los profesores a Alex, no tiene una forma circular y expandida, sino que es algo más parecido a una cadena de ADN, una enorme espiral que se revuelve sobre sí misma. En algunos puntos de la espiral hay agujeros de gusano, singularidades que permiten el viaje entre las galaxias a las naves que, como *MADRE*, están equipadas con un motor interdimensional. El mismo motor que el malvado zarkiano saboteaba insistentemente para que *MADRE* no abandonase su posición cercana a Júpiter...

EL AUTOR

JUAN GÓMEZ-JURADO es un aventurero intrépido y decidido, que descubrió el secreto de los zarkianos y la verdad sobre el Universo, y luego volvió para contárnoslo. No hagas caso a los rumores que dicen que se lo ha inventado todo: son falsos. Como muy bien sabes, todo lo que se cuenta en estos libros es verdad.

Juan nació en Madrid en 1977 y tiene dos hijos, a los que empezó a contarles las historias de Alex hace tiempo. Ellos lo obligaron a escribirlas. Juan también ha escrito muchas novelas para mayores, que todavía eres un poco joven para leer. Al igual que Alex, es adoptado y no sabe quiénes son sus padres de verdad. Quizá lo hayan secuestrado los chubis alguna vez.

EL ILUSTRADOR

FRAN FERRIZ es un señor que usa lápices. En opinión de Juan, su trabajo no tiene mérito alguno, ya que se limitó a dibujar encima de los miles de fotos que trajo Juan de sus viajes por el Universo a bordo de *MADRE*. Es verdad que las fotos eran muy espeluznantes, y que los mowams dan bastante más miedo en la vida real, pero tampoco hay que hacer un mundo de eso, ¿verdad?

Fran nació en Alicante hace ciento cuarenta y cuatro años, pero se conserva bien gracias a que se alimenta exclusivamente de coles de Bruselas. El tiempo que no pasa dibujando lo dedica a hacer ganchillo para que no se le duerman los dedos. Vive con un oso hormiguero que se llama *Ludovico*. Su animal favorito es el oso hormiguero. Por eso vive con uno.